実践●職場と権利シリーズ16
学習の友社

パート・有期雇用労働者の権利Q&A

今野　久子　著

はじめに

非正規雇用労働者は、雇用労働者全体の約４割、女性でいえば約６割に間もなく達する勢いで増えています。その大半は、身分も不安定で、賃金も低く、劣悪な処遇で、将来に展望がもてない人も少なくありません。非正規労働者の急増は、増税や社会保障費の切り下げとあいまって、労働者や家族が貧困になる大きな原因になっています。非正規労働者の雇用をまもり、処遇を改善していくことは、いまや、労働者とその家族が人間らしい生活ができる社会をつくるための、最重要課題の一つです。

この本は、２０１２年８月に改正され、すでに施行されている労働契約法と、２０１４年４月に改正され、15年４月１日から施行されるパートタイム労働法を中心に、有期雇用労働者及びパート労働者の権利や保護について解説したものです。

労働契約法が改正されても入口規制（＝有期労働契約の締結は、期間を定める合理的理由があるときに限定すること）はなし。パートタイム労働法が改正されても、均等待遇を受けるパートタイム労働者は、ごく少数。労働者の要求からみれば不十分な法改正と言わざるを得ません。しかし、不十分な法律でさえ、労働者は知らない、活用していない、という現状があります。権利はたたかいとるものです。活用できる規定は活用し、活用できない規定はさらに抜本的な改正を求めていく。そのような取り組みが必要ではないでしょうか。

本書は、第１部はパート労働と有期雇用労働の基本的なルールを、第２部は「Ｑ＆Ａ」の形で具体的な問題について、解説しています。また、実際にパートや契約社員の権利を守るための取り組みやたたかいの例を載せています。手記をお寄せいただいた方々のご協力と学習の友社のご尽力に、感謝いたします。

みなさんが、この本を身近において、「おかしい」「これはどうなっているのだろう」などと思ったときに読んでいただき、ディーセントワーク（働きがいのある人間らしい仕事）の実現のために、少しでもお役にたつことができれば、嬉しいかぎりです。

２０１４年12月

弁護士　今野久子

もくじ

第1部　パート・有期雇用労働者の働くルール

Ⅰ　急増する非正規雇用労働者

パート、契約社員、派遣労働者、嘱託など、非正規労働者が急増しています。2013年には非正規労働者は男女で1906万人（36・7％）となり、過去最高を記録しました（男性は21・2％、女性は55・8％）。非正規雇用の女性は、間もなく6割に達する勢いで増え続けており、経済界が安上がりの非正規労働者を「活用」するという構図はいっそう強固になっています。日本の非正規労働者は、雇用調整が容易で身分が不安定で、処遇も低賃金で劣悪です。非正規雇用が増えるということは、それだけ雇用全体が劣化していることになります。それにより、労働者の貧困と格差が拡大し、深刻な社会問題となっています。公務労働者にも、非常勤職員は増えつづけ、「官製ワーキングプア」が問題になっています。

　これまで、①直接雇用（⇕間接雇用）で、②期間の定めがない（⇕期間の定めが有る）、③フルタイム働く（⇕パートタイム労働）労働者が「正規労働者」とされ、派遣労働者は間接雇用、契約社員の多くは有期雇用、パートタイム労働者は通常の労働者より短い時間働く、それらの人が非正規労働者であるとされてきました。しかし、非正規労働者が雇用労働者の約4割を占めるようになった現在、非正規

※1　雇用形態別にみた役員を除く雇用者の構成割合の推移（男女別）

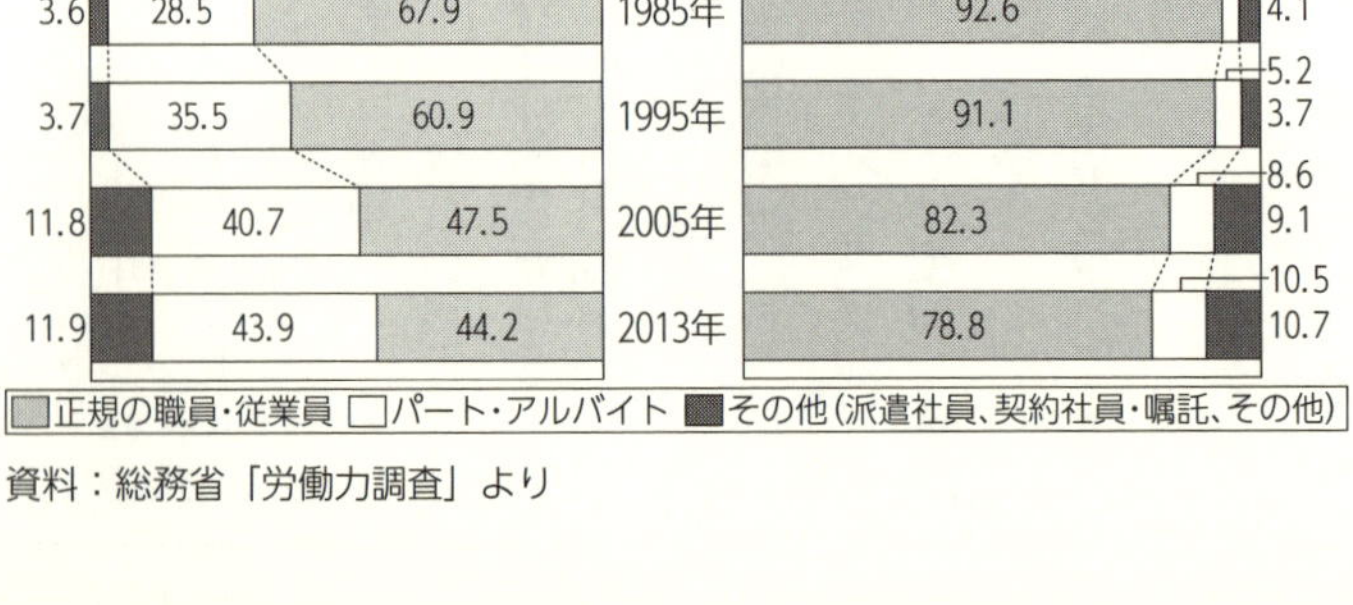

資料：総務省「労働力調査」より

労働者全体の雇用を守り、労働条件をいかに改善していくかは、人間らしい働き方を実現するための重要課題です。

安倍政権の「成長戦略」は労働者を狙い撃ち

２０１２年末に発足した安倍政権は財界・大企業の意向を受け、急ピッチで日本の雇用を根底から破壊する「雇用改革」を進めようとしています。「世界で一番企業が活動しやすい国」をつくることを目的にして、労働規制を緩和し、正社員に対する「雇用維持型」の雇用慣行は問題があるとして、「労働者移動型」に転換させようとしています。安倍政権の政策は、「限定正社員の創設」など正社員の働き方をも多様化して、解雇しやすくしようとするものです。（※２参照）

派遣労働や有期雇用等については、いっそう拡大していく方向です。労働者派遣法は、２０１２年の法改正は極めて不十分な改正で、同年10月１日から施行されました。２０１４年には、安倍政権は「派遣労働者は常用雇用の代替としない」「臨時的・一時的な業務、専門業務等に限定」という大原則を廃止する労働者派遣法の大改悪法案を国会に上程しました。反対運動の大きな盛り上がりと条文のミスが発見されたことで廃案となりましたが、安倍政権は、２０１４年９月の臨時国会に再上程しましたが、衆議院の解散で再び廃案となりました。しかし、総選挙の結果によっては三度目の上程も危惧されます。また、「労働時間の長さと賃金のリンクを切り離し、時間ではなく成果で評価する働き方」ということで残業代ゼロにする「新しい労働時間制度」の導入も狙われています。これは労働基準法による労働時間規制を根底から壊すものです。

日本で非正規労働者が拡大してきた原因は、主に企業側が、終身雇用や

※2　**日本再興戦略**（2013年）

①ジョブ型正社員の雇用ルールの整備
②企画業務型裁量労働制やフレックスタイム制等労働時間法制の見直し
③有料職業紹介事業の規制改革
④労働者派遣制度の見直し

改訂日本再興戦略（2014年）

「働き方改革」のための「鍵となる施策」
①女性活躍のための環境整備（学童保育の拡充）
②柔軟で多様な働き方の実現（成果で評価する労働時間制度の創設）
③外国人が日本で活躍できる社会へ（技能実習制度の拡充等）

年功賃金から自由で、雇用調整しやすい安価な「使い勝手」のよい労働力として活用してきたことにあります。女性労働者の約6割近くが、非正規労働で、身分が不安定で、低賃金の状況に置かれています。女性の場合、「自らパートや派遣を選んで働いている」と企業側は言います。しかし、第1子出産後、雇用されていた女性労働者の約6割が離職しているという統計が示すように、長時間労働が当り前といった職場では、子育て等と仕事を両立させることが困難で、離職せざるを得ないという厳しい現状があります。こうした女性たちが再び働こうとしても、非正規の就職口しかないのです。

しかし、大事なことは、労働者は非正規の働き方を選んだからといって、決して、不合理な、著しい格差や不利益を容認しているわけではないことです。企業が人件費を抑制するために非正規労働を「活用」してきたのです。

直接雇用と均等待遇の原則

非正規労働問題についてジェンダーによる分離（男女差別）や雇用形態による不合理な差別を許さないという視点をもった、立法や施策が必要です。

雇用を確保し賃金など労働条件を改善していくには、（第一の柱）ヨーロッパのように直接雇用・常用を原則として正社員を増やしていくこと、（第二の柱）非正規労働者の雇用の確保と均等な待遇（不利益な取扱いや差別的な取扱いをさせない）を実施すること、を同時に求めていくことが必要です。

Ⅱ パートタイム労働者及び有期雇用労働者に適用される法律
―パートタイム労働法・労働契約法など

正規・非正規雇用および男女の賃金格差（年収）

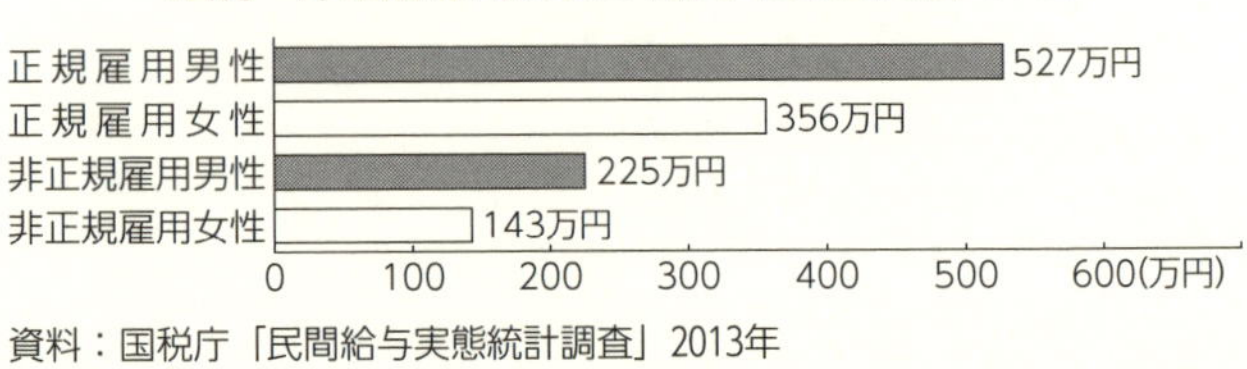

資料：国税庁「民間給与実態統計調査」2013年

パートタイム労働者や有期雇用労働者も立派な労働者です。使用者の中には、非正規労働者はまるで身分が違うかのように扱い、労働者自身も仕方がないと思っている人もいます。しかし、パートや有期雇用で働く人も労働者であることに変わりはなく、労働基準法（以下、「労基法」という）をはじめ労働者を保護するさまざまな法律が適用されます。法律上の定めや権利等のことをよく学び、自分を守り、仲間を守るようにしましょう。

1　憲法と労働基準法

日本の最高法規は憲法です。労働者は働いて賃金を得て生活しています。憲法は次のように定めています。

第13条　すべて国民は、個人として尊重される。生命、自由及び幸福追求に対する国民の権利については、公共の福祉に反しない限り、立法その他の国政の上で、最大の尊重を必要とする。

第14条　①すべて国民は、法の下に平等であって、人種、信条、性別、社会的身分又は、門地により、政治的、経済的又は社会的関係において、差別されない。

第25条　①すべて国民は、健康で文化的な最低限度の生活を営む権利を有する。

第27条　①すべて国民は、勤労の権利を有し、義務を負う。

②賃金、就業時間、休息その他の勤務条件に関する基準は、法律でこれを定める。

これを受けて定められたのが労働基準法です。

労基法は、労働関係の基本原則を定めた法律で、原則として国内のすべての事業所および労働者（9条）に適用されます。企業の規模を問わず、使用者は必ず守らなければなりません。こ

※憲法と「勤労者の団結権」

第28条　勤労者の団結する権利及び団体交渉その他の団体行動をする権利は、これを保障する。

憲法にある、もう一つの大切な条文がこれです。「団結する」とはすなわち労働組合をつくる、あるいは加入することです。とうぜんその権利はパート労働者にもあります。100ページ以降で解説します。

の法律の定めに違反した使用者に対しては刑罰が定められています。

また、派遣労働者には労働者派遣法が、パートタイム労働者にはパートタイム労働法が、有期雇用労働者には労働契約法に特別の定めがあります。

非正規労働者の均等待遇の原則

労基法は、労働条件について次のように定めています。

第3条　使用者は、労働者の国籍、信条又は社会的身分を理由として、賃金、労働時間その他の労働条件について、差別的取扱をしてはならない。

第4条　使用者は、労働者が女性であることを理由として、賃金について、男性と差別的取扱いをしてはならない。

労基法3条は、「均等待遇の原則」と言われ、労働条件での差別的取扱いを禁止するものです。ところが、差別される理由に、「パートだから」あるいは「有期雇用労働者だから」といった雇用形態の違いを理由とする差別的取扱いについては、直接定めていません。

また、労基法4条は、「男女同一賃金の原則」と言われ、「女性であること」を理由としての「賃金」の差別的取扱いについては規定していますが、賃金以外の労働条件についての定めがなく、雇用形態の違いによる賃金差別についてはふれていません。

そこで、パートや有期雇用労働者等非正規労働者と正社員の賃金格差等について違法と言えるのかどうか法律家の間で意見が分かれ議論されてきました。しかし、同一価値労働同一賃金の原則は日本もまもらなければない国際基準ですし、憲法が定める法の下の平等から言っても労働契約のルールと言えます。

法律の改正により、労働契約法20条とパートタイム労働法8条により、非正規と正規労働者の

※雇用形態が複雑に

①直接雇用（派遣等ではない）、②期限の定めのない雇用、③フルタイムの雇用（週40時間を上限に時短をめざす）……が原則であるべきですが、現在、雇用形態の組み合わせによって何種類もの非正規雇用がつくられ、複雑で、労働者の団結の障害にもなっています。

現在日本の雇用形態と労働者数は、おおまかには左図のようになっています。

間の不合理な労働条件の違いは許されないことになり、また、改正前からあった差別禁止（＝均等待遇の原則）を定めたパートタイム労働者の範囲も改正により少し広がっています。

何が合理的で、何が不合理かについては、確定した理論はまだありません。差別的な取扱いはもちろんのこと、労働者が「おかしい」と思う労働条件の違いを問題にして、議論を深め、均等待遇を実現していきましょう。

2　パートタイム労働法

(1)　パートタイム労働法の改正

パートタイム労働法（正式名称は「短時間労働者の雇用管理の改善等に関する法律」）は１９９３年に制定されました。労働条件の総論的規定として「均衡処遇の努力義務」を定めたに過ぎず、あくまで努力義務にとどまるものでした。その後２００３年に指針が改正され、さらに２００７年６月に法律自体が全面的に改正され、２００８年４月１日に施行されました。パートタイム労働者と正社員との著しい賃金などの処遇格差については、初めて差別禁止規定がもうけられ、均等待遇が進むかと期待されました。しかし、その要件は厳しく、結局救済の対象となるパートタイム労働者は、全体のわずか０・１％というものでした。この改正によっても、パートタイム労働者の処遇は、あくまでも正社員（パートタイム労働法では「通常の労働者」といいます）との「均衡」が原則です。

このパートタイム労働法は、施行後3年経過したときに、見直しされることになっており、これに基づき、２０１４年４月に再び改正され、同年４月23日公布、２０１５年４月１日に施

日本の雇用形態と労働者数

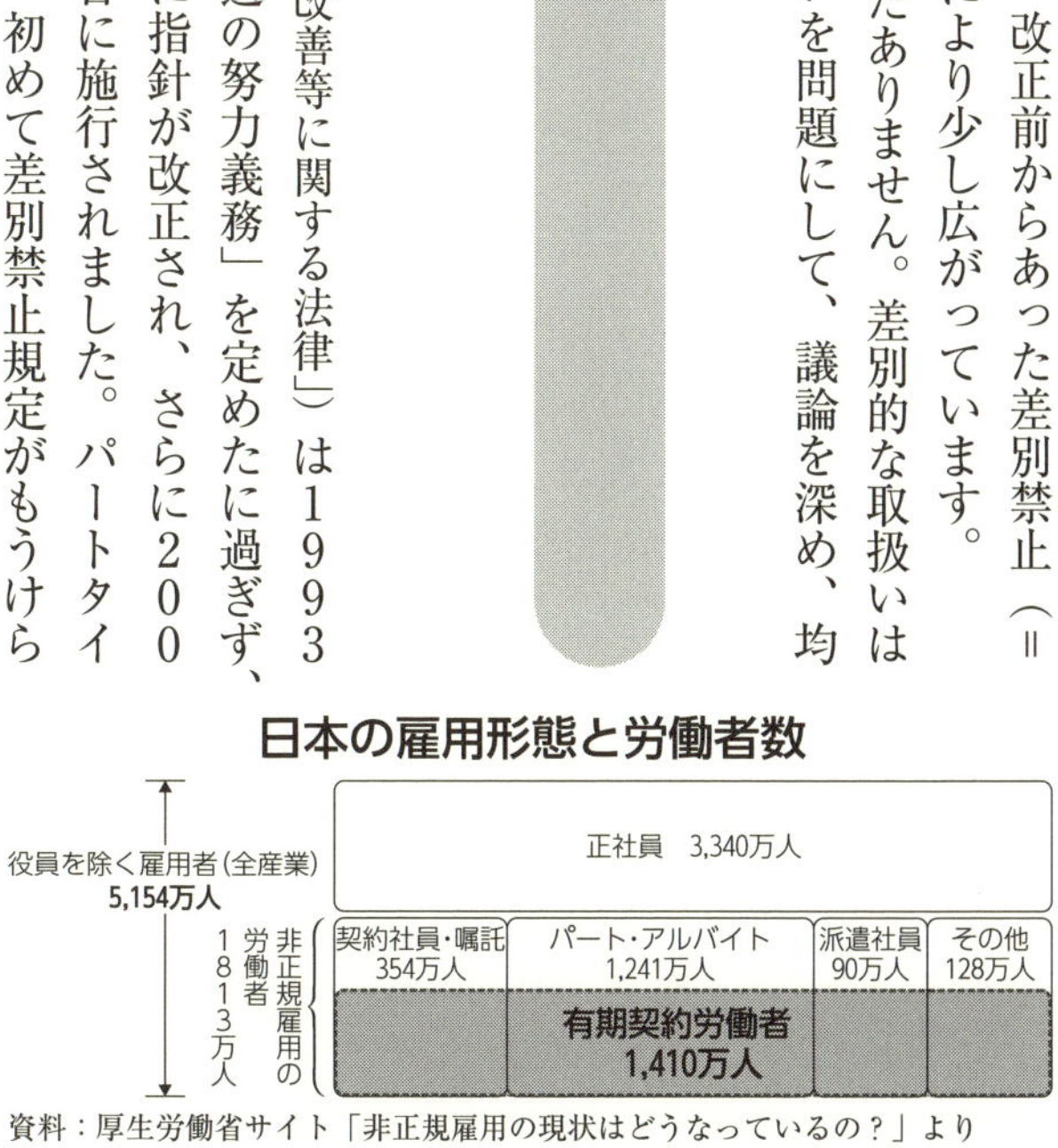

資料：厚生労働省サイト「非正規雇用の現状はどうなっているの？」より

行されることになっています。この本は、この改正法に基づいています。法改正にともない、**施行規則、パートタイム労働指針**も改正され、新しい**通達**も出されています。*

改正の目的

改正は、パートタイム労働者の公正な待遇を確保し、納得して働くことができるようにするためのものです。

最近では、パートタイム労働者が基幹的な仕事をすることも珍しくありませんし、パートタイム労働者がいなければ、営業や仕事がまわらないという職場も少なくありません。それにしては、正社員に比べとうてい納得がいかない著しく低い賃金で、働く意欲もそがれます。

今回の改正では、パートタイム労働者の「納得性」を高めるために、事業主の説明義務等が定められました。これを大いに活用したいところですが、パートタイム労働者の多くは、有期雇用契約で働き、雇止めが心配で、パートタイム労働者が一人で会社や上司に質問したり、ものをいうのは、勇気のいることです。使用者と対等に労働条件の改善等を求めるためには、やはり労働組合に団結して要求を出し、交渉する。そのような力をつけることをめざしたいものです。

パートタイム労働法の限界

パートタイム労働者の公平な処遇を確保するためには、法律自体に、「公正な処遇」の具体的な内容が規定されているとわかりやすいのですが必ずしもそうなっていません。労使の交渉にかかっている部分が多いのです。

この本では、第1部で今回の改正の主な点を紹介し、第2部では、「Q&A」の形で詳細を

＊以下はいずれも、改正法が施行される2015年4月1日から適用される。
・短時間労働者の雇用管理の改善等に関する法律施行規則の一部を改正する省令（平成26年厚生労働省令第85号）
・事業主が講ずべき短時間労働者の雇用管理の改善等に関する措置についての指針の一部を改正する件（平成26年厚生労働省告示第293号）……本書108ページ参照
・通達（平成26年7月24日基発0724第2号、職発0724第5号、能発0724第1号、雇児発0724第1号）

解説することにしました。

今回の改正は、労働者の要求からみると十分とは言えないものでしょう。しかし、改善点は大いに活用し、不十分なところは実践で明らかにして、次の改正につないでいきましょう。

(2)　2014年改正パートタイム労働法の主な内容

＊以下の条文の引用はすべて改正法によります。

1　パートタイム労働者の公正な待遇の確保のために

①　パートタイム労働者の待遇の原則を新設（法８条として新設）
待遇の相違は合理的でなければならない

事業主が、雇用するパートタイム労働者と正社員の待遇を相違させる場合は、その待遇の相違は、①職務の内容、②人材活用の仕組み、③その他の事情を考慮して、不合理と認められるものであってはならないとしています。この待遇の原則は、全てのパートタイム労働者を対象にしています。事業主は、この考え方をもとに、パートタイム労働者の雇用管理を改善するようにしなければなりません。

②　差別的取扱いの禁止（均等待遇の原則）が適用される労働者の範囲の拡大（法９条）
（法律の改正）　**有期労働契約を締結しているパートタイム労働者にも拡大**

有期雇用契約を締結している労働者でも、①職務内容が正社員と同じで、②人材活用の仕組み（配転や昇進等）が正社員と同じ場合には、賃金、教育訓練、福利厚生施設の利用などすべての労働条件について、正社員との差別的取扱いが禁止されます。但し、②の要件を厳しく適用されると対象は限定されるので実効性には疑問があります。

③ 職務の内容に密接に関連して支払われる通勤手当は均衡確保の努力義務の対象に（施行規則3条）

「通勤手当」という名称でも、距離や実際にかかっている経費に関係なく一律の金額を支払っている場合のような、職務の内容に密接に関連して支払われているものは、正社員との均衡を考慮しつつ、パートタイム労働者の職務の内容、成果、意欲、能力、経験などを勘案して決定するように、事業主は努めなければなりません。

2 パートタイム労働者の納得性《なっとくせい》を高めるための措置

① パートタイム労働者を雇い入れたときの事業主による説明義務の新設（法14条1項）

事業主は、パートタイム労働者を雇い入れたときは、実施する雇用管理の改善措置の内容について、説明しなければなりません。

改正前も、労働者から説明を求められたときは、待遇を決定した事項について説明をしなければならないことになっています（14条2項）。改正法は、労働者からの求めの有無にかかわらず、パートタイム労働者を雇い入れたときにも説明義務を定めて、併せて、パートタイム労働者が理解できるように説明するようにしています。

【雇入れ時の説明内容の例】

・賃金制度はどうなっているか　　・どのような教育訓練があるか

・どの福利厚生施設が利用できるか　・どのような正社員転換推進措置があるか　など

【説明を求められたときの説明内容の例】
・どの要素をどう勘案して賃金を決定したか
・どの教育訓練や福利厚生施設がなぜ使えるか（または、なぜ使えないか）
・正社員への転換推進措置の決定に当たり何を考慮したか　など

②　パートタイム労働者からの相談に対応するための体制整備義務の新設（法16条）

事業主は、パートタイム労働者からの相談に応じ、適切に対応するために必要な体制を整備しなければなりません。たとえば、相談担当者を決める、事業主自身が相談担当者となるなどです。

③　相談窓口の周知（施行規則2条）

パートタイム労働者を雇い入れたときに、事業主が文書の交付などにより明示しなければならない事項に「相談窓口」が追加されました。たとえば、相談担当者の氏名、相談担当の部署、相談担当の役職など。単に窓口を設定するだけではなく、適切に対応することが求められています。

3　パートタイム労働法の実効性を高めるための規定の新設

①　厚生労働大臣の勧告に従わない事業主名の公表制度の新設（法18条2項）

雇用管理の改善措置に違反している事業主に対して、厚生労働大臣が勧告をしても、事業主がこれに従わない場合は、厚生労働大臣は、この事業主名を公表できます。

※パートタイム労働指針の改正　説明を求めたことによる不利益取扱の禁止

「事業主は、パートタイム労働者がパートタイム労働法14条２項に定める待遇の決定に当たって考慮した事項の説明を求めた事を理由として不利益な取扱いをしてはならない。また、パートタイム労働者が、不利益な取扱いをおそれて、パートタイム労働法14条２項に定める説明を求めることができないことがないようにするものであること。」

② 虚偽の報告などをした事業主に対する過料の新設（法30条）

事業主が、パートタイム労働法18条1項の規定に基づく報告をせず、又は虚偽の報告をした場合は、20万円以下の過料に処せられます。

3 労働契約法

労働契約法は労働契約での労働条件の決定や変更についての基本的なルールを定めたもので、2007年12月に成立し、2008年4月から施行されました。

労働基準法はどの事業者でも守らなければならない最低の労働条件の基準を定めたもので、違反に対する刑罰の定めもあります。他方、労働契約法は、労働契約について民事的なルールをまとめた初めての法律で、刑罰の定めはありませんが、労働契約に関する基本的ルールを明らかにすることによって、紛争を未然に防止し労働者の保護をはかり、個別の労使関係が安定するようにしようとするものです。

労働契約法は、さらに2012年の8月に有期雇用労働者に関わる重要な一部改正が行われました。これにより有期労働契約についての3つのルールが規定され、18ページのⅡのルールは2012年8月10日から、Ⅰ及びⅢのルールは2013年4月1日から施行されました。

(1) 労働契約法の基本ルール

労働契約法での「労働者」とは？

使用者の指揮命令のもとに働き、その報酬として賃金を受け取っている場合には「労働者」

として、労働契約法の対象となります。「請負」や「委任」という形式をとっていても実態として、使用者の指揮・命令のもとに働き、その報酬として賃金を受けていれば、「労働者」になり、労働契約法が適用されます。

労働契約の基本ルールについては、16ページの別表のような定めがあります。

パートタイム労働者の多くは期間の定めのある有期雇用です。有期雇用のパートタイム労働者には、パートタイム労働法も、労働契約法も適用になります。労働契約法20条では、事業主が有期雇用労働者に対して、有期契約であることを理由に、正社員と労働条件で不合理な相違をさせてはならないという原則が新設されました。２０１４年に改正されたパートタイム労働法にも、パートタイム労働者の待遇について「不合理な相違」は認められないという規定がおかれました（8条）。

こうして、「パートだから」「有期雇用だから」といって、不合理な労働条件の相違は許されないことがルールになったのです。パートタイム労働者や契約社員の「おかしい」と思っている処遇の格差を、もう一度新たな視点でチェックしてみましょう。

（2）労働契約法の一部改正による有期労働契約のルール

労働契約には期間の定めがない「無期労働契約」と1年契約、6ヵ月契約など期間の定めのある「有期労働契約」があります。パート、アルバイト、契約社員、嘱託、派遣など職場でどのように呼ばれているかにかかわらず、有期労働契約で働く人であれば、労働契約法の改正による新しいルールの対象となります。

有期労働契約で働く人は全国で約１４００万人と推計されていますが、その約3割が通算5

労働契約についての基本的なルール

有期労働契約の契約期間中の解雇等に関するルール	
● 使用者は、やむを得ない事由がある場合でなければ、契約期間が満了するまでの間において、労働者を解雇することができません。	第17条 第１項
● 使用者は、有期労働契約によって労働者を雇い入れる目的に照らして、契約期間を必要以上に細切れにしないよう配慮しなければなりません。	第17条 第２項
無期労働契約の解雇のルール	
● 解雇は、客観的に合理的な理由を欠き、社会通念上相当であると認められないときは、その権利を濫用したものとして、無効とされます。	第16条
労働契約の締結等に関する基本的なルール	
● 労働者と使用者は、労働契約の締結や変更に当たっては、就業の実態に応じて、均衡を考慮するものとされています。	第３条 第２項
● 使用者は、労働者に提示する労働条件および労働契約の内容について、労働者の理解を深めるようにするものとされています。	第４条 第１項
労働契約の成立と変更に関するルール	
● 労働者と使用者が、「労働すること」「賃金を支払うこと」について合意すると、労働契約が成立します。	第6条
● 労働者と使用者が労働契約を結ぶ場合に、使用者が、 ① 合理的な内容の就業規則を、 ② 労働者に周知させていた（労働者がいつでも見られる状態にしていた） 場合には、就業規則で定める労働条件が、労働者の労働条件になります。	第7条 本文
● 労働者と使用者が、就業規則とは違う内容の労働条件を個別に合意していた場合には、その合意していた内容が、労働者の労働条件になります。	第7条 ただし書
● 労働者と使用者が個別に合意していた労働条件が、就業規則を下回っている場合には、労働者の労働条件は、就業規則の内容まで引き上がります。	第12条
● 法令や労働協約に反する就業規則は、労働者の労働条件にはなりません。	第13条
● 労働者と使用者が合意すれば、労働契約を変更できます。	第8条
● 使用者が就業規則を一方的に変更しても、労働者の不利益に労働条件を変更することはできません。	第9条
● 使用者が就業規則の変更によって労働条件を変更する場合には、次のことが必要です。 ① その変更が、以下の事情などに照らして合理的であること。 ・ 労働者の受ける不利益の程度 ・ 労働条件の変更の必要性 ・ 変更後の就業規則の内容の相当性 ・ 労働組合等※との交渉の状況 ※ 「労働組合等」には、労働者の過半数で組織する労働組合その他の多数労働組合や事業場の過半数を代表する労働者のほか、少数労働組合や、労働者で構成されその意思を代表する親睦団体など労働者の意思を代表する者が広く含まれます。 ② 労働者に変更後の就業規則を周知させること。	第10条

資料：厚生労働省「労働契約法改正のあらまし」より

年を超えて有期労働契約を反復更新しているのが実情です。長期に働いても、いつ雇止めにあうかわからないという不安で、低い賃金や労働条件でも改善を求める声もあげられずにいることも多いのです。労働契約法が定めるルールは、こうした不安や問題に対処し、労働者が安心して働き続けることができる社会を実現するために活用しましょう。

1　有期労働契約から無期労働契約への転換（法18条）

有期労働契約を繰り返し通算5年を超えた場合には、有期労働者は事業主に対し、無期労働契約へ転換することを求めることができます。転換した場合の労働条件は、特別の定め（労働協約、就業規則、個別の労働契約など）がなければ、有期労働契約での労働条件を引き継ぎますが、無期労働契約になることで、雇用は安定します。この通算期間の起算日は、２０１３年4月1日以降に開始される有期労働契約の開始日です。適用労働者が出てくるのは２０１８年4月以降です。しかし、すでに職場には、更新を繰り返し長く働いてきた有期雇用労働者がいます。生協労連など、いくつかの労働組合では、５年先をまつのではなく、いまいる長期勤務者を無期労働契約に変更するように使用者側に求め、団体交渉をするなどして、成果を上げています（43ページ手記参照）。

2　「雇止め」を許さないルールの法定化（法19条）

有期労働契約では、労働者にとって、雇止め（＝更新拒絶）によって雇用契約が終了することが最大の不安です。これについては、労働者が次々と裁判に訴えてたたかった判

非正規の職員・従業員の雇用契約期間の定めの有無

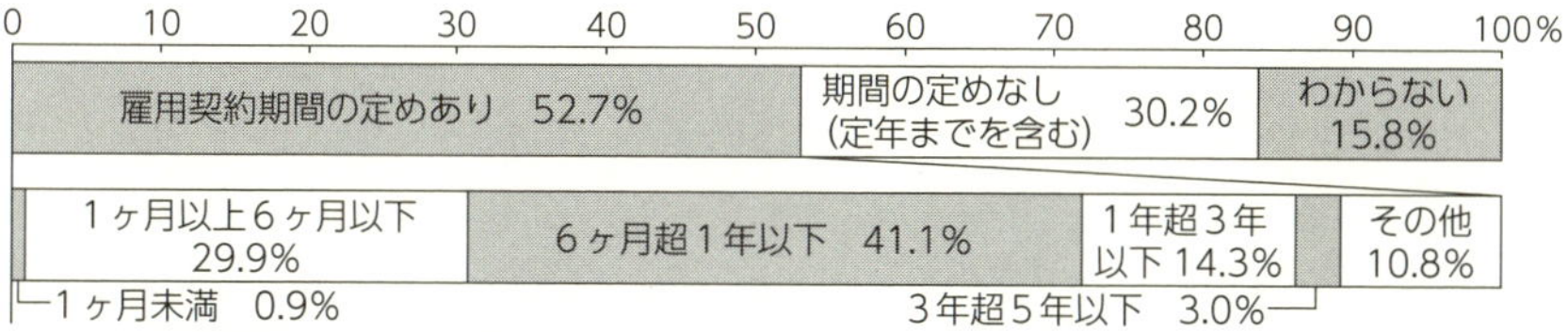

（１回あたりの雇用期間。役員を除く）
資料：「就業構造基本調査」（2012年）

Ⅰ　無期労働契約への転換（第18条）

同一の使用者との間で、有期労働契約が通算で５年を超えて反復更新された場合は、労働者の申込みにより、無期労働契約に転換します。
※通算契約期間のカウントは、平成２５年４月１日以後に開始する有期労働契約が対象です。
　平成２５年３月３１日以前に開始した有期労働契約は通算契約期間に含めません。

無期転換の申込みができる場合

【契約期間が１年の場合の例】

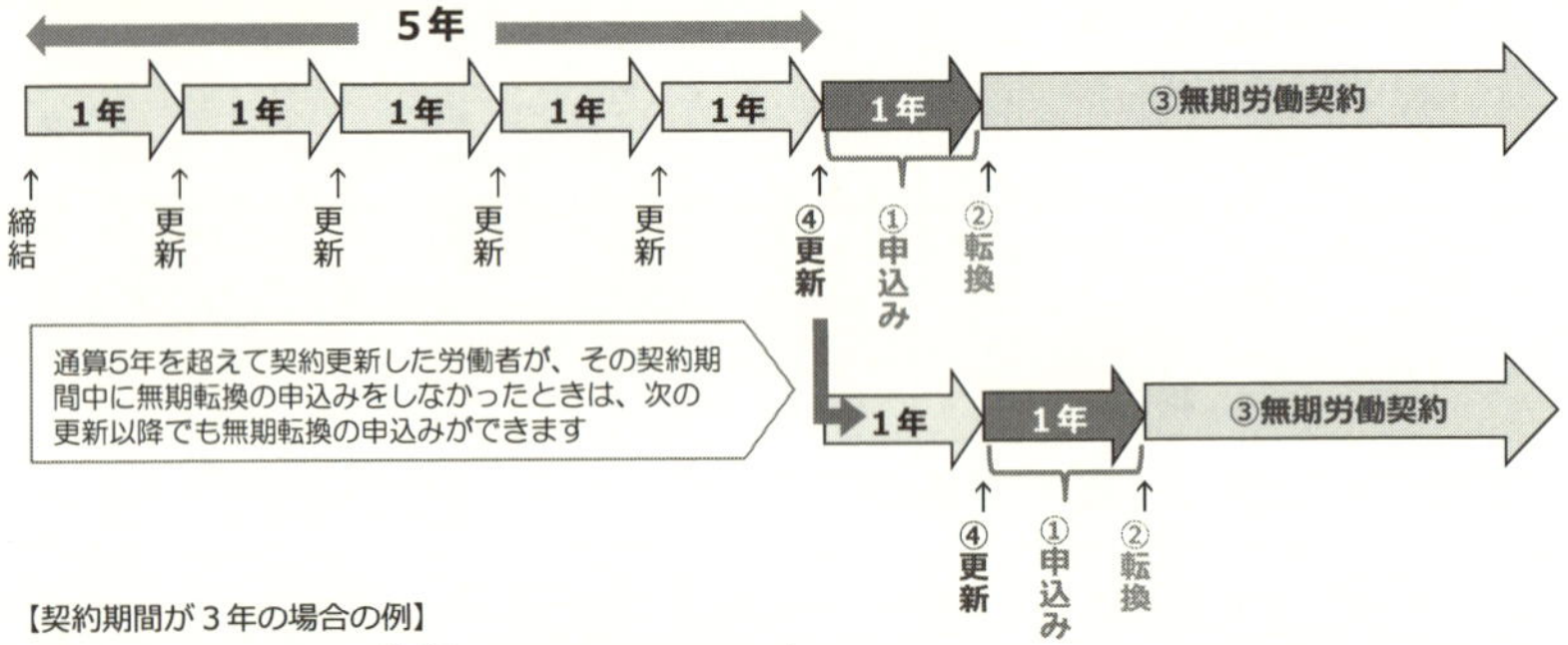

【契約期間が３年の場合の例】

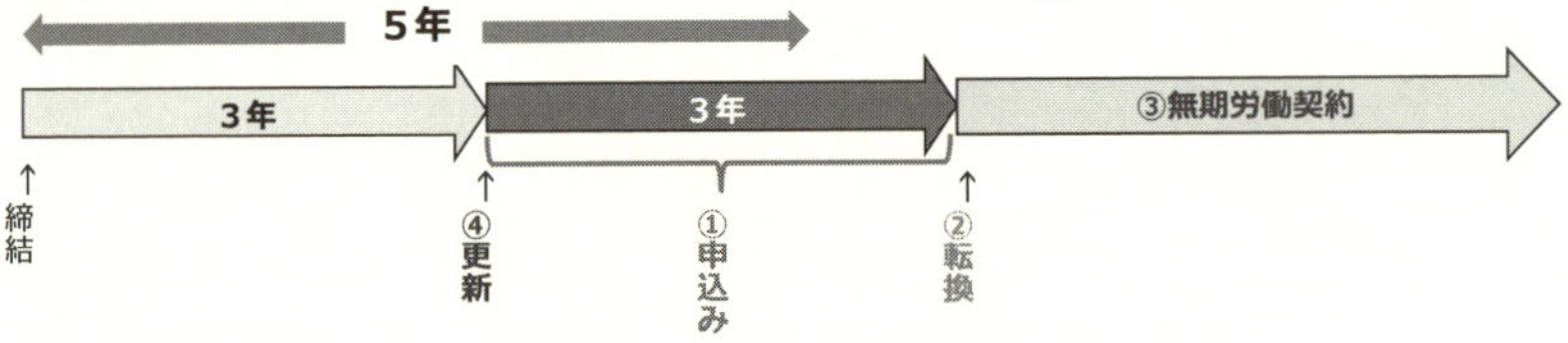

①申込み…平成２５年４月１日以後に開始した有期労働契約の通算契約期間が５年を超える場合、その契約期間の初日から末日までの間に、無期転換の申込みをすることができます。

②転換…無期転換の申込み（①）をすると、使用者が申込みを承諾したものとみなされ、無期労働契約（③）がその時点で成立します。無期に転換されるのは、申込み時の有期労働契約が終了する翌日からです。
①の申込みがなされると③の無期労働契約が成立するので、②時点で使用者が雇用を終了させようとする場合は、無期労働契約を解約（解雇）する必要がありますが、「客観的に合理的な理由を欠き、社会通念上相当と認められない場合」には、解雇は権利濫用に該当するものとして無効となります。

通算契約期間の計算について（クーリングとは）

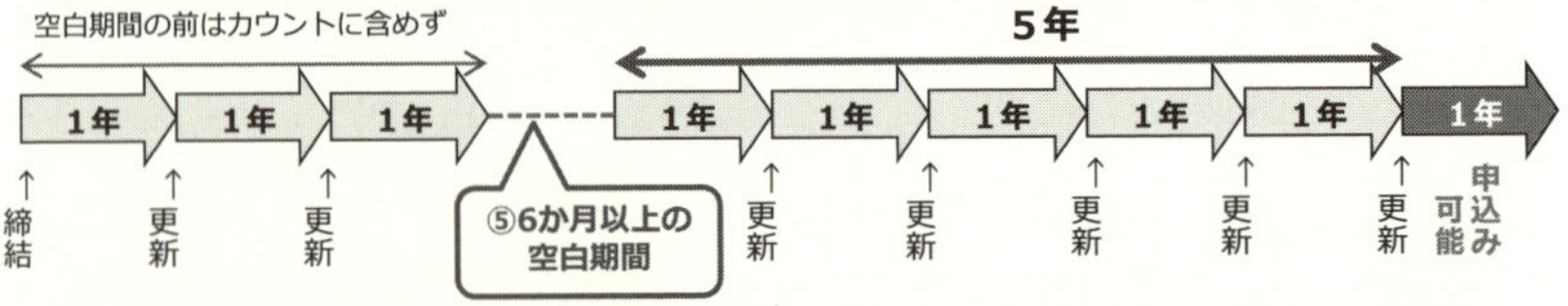

⑤空白期間…有期労働契約とその次の有期労働契約の間に、契約がない期間が６か月以上あるときは、その空白期間より前の有期労働契約は通算契約期間に含めません。これをクーリングといいます。
上図の場合のほか、通算対象の契約期間が1年未満の場合は、その2分の1以上の空白期間があればそれ以前の有期労働契約は通算契約期間に含めません（詳細は厚生労働省令で定められています）。

Ⅱ　「雇止め法理」の法定化（第19条）

有期労働契約は、使用者が更新を拒否したときは、契約期間の満了により雇用が終了します。これを「雇止め」といいます。 雇止めについては、労働者保護の観点から、過去の最高裁判例により一定の場合にこれを無効とする判例上のルール（雇止め法理）が確立しています。今回の法改正は、雇止め法理の内容や適用範囲を変更することなく、労働契約法に条文化しました。

対象となる有期労働契約	次の①、②のいずれかに該当する有期労働契約が対象になります。 ①　過去に反復更新された有期労働契約で、その雇止めが無期労働契約の解雇と社会通念上同視できると認められるもの ★最高裁第一小法廷昭和49年7月22日判決(東芝柳町工場事件)の要件を規定したもの ②　労働者において、有期労働契約の契約期間の満了時に当該有期労働契約が更新されるものと期待することについて合理的な理由(※)があると認められるもの ★最高裁第一小法廷昭和61年12月4日判決(日立メディコ事件)の要件を規定したもの (※)１．合理的な理由の有無については、最初の有期労働契約の締結時から雇止めされた有期労働契約の満了時までの間におけるあらゆる事情が総合的に勘案されます。 ２．いったん、労働者が雇用継続への合理的な期待を抱いていたにもかかわらず、契約期間の満了前に使用者が更新年数や更新回数の上限などを一方的に宣言したとしても、そのことのみをもって直ちに合理的な理由の存在が否定されることにはならないと解されます。
要件と効果	上記の①、②のいずれかに該当する場合に、使用者が雇止めをすることが、「客観的に合理的な理由を欠き、社会通念上相当であると認められないとき」は、雇止めが認められません。従前と同一の労働条件で、有期労働契約が更新されます。
必要な手続	条文化されたルールが適用されるためには、労働者からの有期労働契約の更新の申込みが必要です（契約期間満了後でも遅滞なく申込みをすれば条文化されたルールの対象となります）。 ただし、こうした申込みは、使用者による雇止めの意思表示に対して、「嫌だ、困る」と言うなど、労働者による何らかの反対の意思表示が使用者に伝わるものでもかまわないと解されます。

Ⅲ　不合理な労働条件の禁止（第20条）

同一の使用者と労働契約を締結している、有期契約労働者と無期契約労働者との間で、期間の定めがあることにより不合理に労働条件を相違させることを禁止するルールです。

対象となる労働条件	一切の労働条件について、適用されます。 賃金や労働時間等の狭義の労働条件だけでなく、労働契約の内容となっている災害補償、服務規律、教育訓練、付随義務、福利厚生など、労働者に対する一切の待遇が含まれます。
判断の方法	労働条件の相違が不合理と認められるかどうかは、 ①　職務の内容（業務の内容および当該業務に伴う責任の程度） ②　当該職務の内容および配置の変更の範囲 ③　その他の事情 を考慮して、個々の労働条件ごとに判断されます。 とりわけ、通勤手当、食堂の利用、安全管理などについて労働条件を相違させることは、上記①～③を考慮して、特段の理由がない限り、合理的とは認められないと解されます。

厚生労働省「労働契約法の改正のポイント」より抜粋

決によって、雇止めの効力を認めない法理論が確立しています。労働契約法では、この法理を明記しました。裁判で認めたルールは、関心がなければ知らない労働者も多く、法律に明記されたことにより、より多くの労働者が知るようになることが期待されます。

「泣き寝入りしたくない」労働者にぜひ活用してもらいたい条項です。

3 不合理な労働条件の相違は許されない（法20条）

有期雇用労働者と無期雇用労働者（正社員）の労働条件について、有期労働契約であることを理由に不合理な相違があってはならないという原則を定めました。不合理か否かは、①職務の内容、②当該職務の内容及び配置の変更の範囲、③その他の事情、を考慮して判断されます。この不合理な労働条件の相違禁止は、賃金だけでなく、全ての労働条件が対象です。

労働契約法20条を活用した裁判がすでにはじまっています。２０１４年5月1日、東京の地下鉄の㈱メトロコマースの売店で働く販売員（全国一般労働組合全国協議会・東京東部労働組合メトロコマース支部の組合員）は、仕事も労働時間も同じなのに、月例給や賞与等で差別されているのは労働契約法20条に違反すると東京地裁に訴えました。さらに、日本郵便㈱で働く有期雇用の配達員（郵政産業労働者ユニオン）が東京地裁、大阪地裁に、同じく労働契約法20条違反を理由に裁判を起こしています。「有期だからといってこんなに違いがあるのはおかしい」と思っている労働者は多くいると思います。合理性があるのかどうか、話しあってみませんか。全国の、いろいろな職場から、不合理な違いは差別だという声をあげ、改善を求めていきましょう。

4　非正規雇用労働者に適用されるその他の法律

最低賃金法　労働者の賃金が不当に切り下げられることのないように、使用者が守らなければならない最低の賃金水準を定めた法律です。

労働安全衛生法　労働者が業務上の事故や接する物質等により身体や健康を害される危険がないように、職場での安全と健康を確保し、快適な職場環境をつくるための法律です。

男女雇用機会均等法　募集・採用から退職・解雇まで労働者が性別を理由に差別されることなく、女性労働者にあっては母性を尊重されつつ働くことができるように、性別による差別の禁止などを定めた法律です。

労働者災害補償保険法　労働者が業務上負傷し、疾病にかかり、または死亡した場合に、使用者が加入を義務づけられた政府管掌の保険制度によって、労働者及び遺族が一定の補償を受けることを定めた法律です。

労働組合法　労働者が労働組合を結成し、加入したり、団体交渉をしたり、要求を実現するためにストライキなどの団体行動をとる権利を定めた法律です。

その他　一定の条件を充たせば、健康保険・厚生年金保険・雇用保

法律による主な労働者保護

	法律名	主な保護内容
A	労働基準法	労働憲章、労働条件の明示、労働契約、賃金確保、労働時間、休日、休暇、年少者保護、母性保護、就業規則、労働基準監督など
	最低賃金法	最低賃金
	賃金支払確保法	企業倒産等の場合の国の賃金立替
	労働安全衛生法	健康診断、労働安全衛生体制、作業環境基準
B	育児・介護休業法	育児休業、介護休業
	男女雇用機会均等法	男女差別禁止、セクハラ管理責任
	高年齢者雇用安定法	60歳以上の定年制、65歳までの雇用継続の努力義務
C	労災保険法	業務上の災害・職業病への補償（療養、休業、障害、遺族）、通勤災害補償、労働福祉事業
	雇用保険法	失業給付、就職促進給付、雇用継続給付、教育訓練給付
D	健康保険法	業務外の疾病への医療、休業保障
	厚生年金保険法	老齢、遺族、障害に対する所得保障

（注）Aは、法定の最低基準を定めるもので、罰則もあり、違反については労働基準監督署が監督します。Cは、厚生労働省所管の労働保険と呼ばれるもので、一人でも雇用する事業主には原則として全面適用となっています。Dは、厚生労働省所管で、社会保険と呼ばれ、事業所単位の強制加入が原則です。

険などに関する法律もパートタイム労働者や有期労働者に適用されます。

Ⅲ 処遇差別の救済を求めて——裁判でたたかった労働者

正社員とパートタイム労働者の処遇差別、特に賃金差別の是正を求めて、パートタイム労働法が制定されていないときから、裁判に訴えるたたかいがはじまりました。

1 丸子警報器差別事件

長野地裁上田支部 平成8年3月15日判決

長野県丸子町（現在は上田市）にある自動車部品工場で働く28名の「臨時社員」の女性従業員（JMIU丸子警報器支部の組合員）が、仕事も同じ、勤務時間も同じなのに、賃金が正社員（女性）より低いのは、第1に女性に対する賃金差別であり、第2に「パートタイム労働者という身分」による差別であり、第3に同一（価値）労働同一賃金の原則に反し、公序に反する不法行為であるとして、差額賃金等相当額の損害賠償を請求しました。

判決は、「労基法3条、4条の根底には、およそ人はその労働に対し等しく報われなければならないという理念（均等待遇）があり、それは市民法の普遍的原理であり公序である」として、女性正社員と職種、作業の内容、勤務時間及び日数等が同じ「臨時社員」について、賃金が正社員の賃金の8割以下となるとき、公序良俗違反として違法であるとして、差額分の損害賠償を命じました。これは、画期的な判決で、差別的な処遇に苦しむ全国のパートタイム労働者に、大きな勇気と励ましになりました。

全国的な支援もひろがり、1999年（平成11年）11月29日に、東京高裁で和解が成立し、約

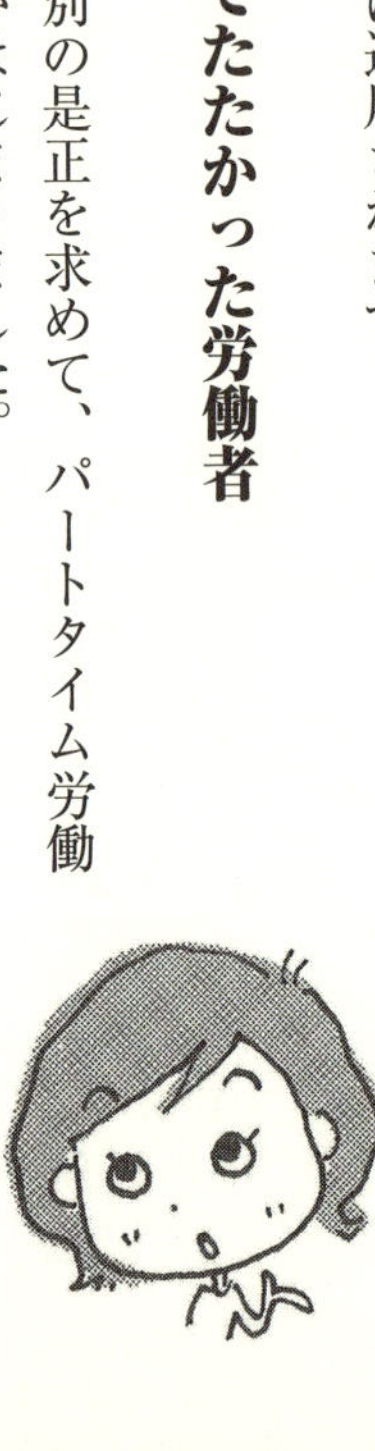

9割の賃金水準を実現しました。和解の内容は、次のとおりです。

〈和解内容の骨子〉

(1) 臨時社員の給与について、日給制を改めて月給制にする。

(2) 臨時社員の月額給与について、通常の4月の昇給とは別に、今後5年間毎年12月に特別3000円の増額是正を行う。

(3) 毎年4月の昇給は、正社員と同一の率とする。

(4) 夏、冬の一時金は、正社員と同一の計算方法により支給する。

(5) 退職金につき、和解成立時から満60歳までの期間の勤続については正社員と同一規定を適用し、和解成立までの期間および60歳を超えた期間の勤続については、従前の退職金規定の2・5倍の計算による金額を支給する。

(6) 解決金を支払う。

しかし、その後の日本郵便逓送事件では、契約形態による賃金格差は、契約自由の範疇の問題であり違法とは言えない、とする判決が出されました（大阪地裁平成14年5月22日）。また、京都市女性協会事件でも、同一価値労働であるにもかかわらず、許容できないほど著しい賃金格差が生じている場合は、均衡の理念に基づく公序違反として不法行為が成立する余地はあるという一般論は展開しながら、結論としてそのような格差は認められないとして請求を否定しました（京都地裁平成21年7月16日判決）。

その後、2008年にパートタイム労働法が改正され、差別禁止規定が設けられました（8条、2014年改正法では9条）。その後の裁判例では、次の画期的な判決が注目されています。

2 ニヤクコーポレーション事件判決

大分地裁　平成25年12月10日判決

仕事は同じ

被告の会社は、全国に事業所がある石油製品等の運送会社で、原告は同社の九州支店大分事業所でタンクローリーによる危険物等の配送を行っていた「準社員」の運転手。

運転手には、正社員と「準社員」がいて、正社員の1日の所定労働時間は8時間で、準社員のそれは7時間ですが、準社員は恒常的な残業があります。準社員の業務内容及び労働時間は正社員と全く異ならないのに処遇は大きな違いがあり、年間休日数は約30日、年間所得は40万円から60万円位、準社員の方が正社員より少ないのです。

原告は、これはパートタイム労働法8条（14年改正法では9条のこと）に違反するとして申告し、会社は大分労働局長の指導等を受けましたが、これに応ぜず、さらに労働審判（賞与の差別相当分の支払を命じた）にも異議を出し、訴訟に移行したものです。

原告は裁判途中で、会社から、訴訟で事実と異なる主張をしている等の理由で解雇（雇止め）されました。原告は裁判では、①雇用契約上の権利を有する地位にあることの確認、②パート法8条に違反する差別的取扱いを受けているとして賞与の正社員との差額分の支払い、③正社員との休日日数の違いについて、本来なら休日出勤として割増賃金が支払われるべきであったとして休日割増賃金分相当額の損害賠償、④慰謝料、及び⑤弁護士費用相当分の損害賠償を求めました。

不合理な賃金差別を認めた画期的な判決

判決は、①原告の準社員としての業務については「正社員と同じ」であると認め、②正社員

と準社員との間で配置の変更の範囲が大きく異なっていたとは認められないと判断しました。

会社側は、準社員は、事故トラブルへの対応など緊急の対応や対外的な交渉が必要な業務に従事していない等と正社員との違いを強調し争いました。しかし、判決は、会社が主張するような正社員の例は非常に少数で、正社員と準社員で業務が大きく異なるものではないとして、原告はパート法8条（改正法で9条）の「通常の労働者と同視すべき労働者」に該当すると認めました。そして年間40万円以上の賞与の差があることは合理的な理由があるとは認められない、と判断しました。

また、週休日についても、正社員と準社員で年間で30日を超える差があるが、準社員が勤務した場合は通常の賃金が得られないのに対し、正社員が勤務すれば時間外の割増賃金を得ることができるから、準社員は賃金の決定についても差別的取扱いを受けているものと認めました。これらの差を設ける合理的理由はいずれも認められないから、短時間労働者であることを理由とする賃金差別であると判断し、差額相当分の賠償を命じたのです。

雇止めについても、会社と原告の労働契約の実情から、期間の定めのない契約と社会通念上同視できるか（労契法19条1号）、仮にそうでなくとも、原告が有期労働契約が更新されるものと期待することに合理的な理由があるものと認められ（同条2号）、被告が解雇理由として主張する事実は認められないので、会社の更新拒絶は客観的に合理的な理由を欠き、社会通念上相当であると認められないとして、原告の労働契約上の地位を認めました。

この判決は、パート法で定めた「通常の労働者と同視すべき労働者」に該当するものとして、賞与及び残業手当という賃金について、パート法8条（改正法では9条）の差別的取扱いの禁止に反するとした、日本で初めての判決といえます。職務の内容や人事管理についても、就業規則等の規定上の表面上の異同ではなく、実質的に差異が大きいか否かという点に踏み込んで判断をしています。この裁判の高裁での結果が注目されます。

Ⅳ　世界のパートタイム労働者は

ＩＬＯ１７５号「パートタイム労働に関する条約」、１８２号勧告

ＩＬＯでは、すでに１９８１年に、１５６号「家族的責任を有する男女労働者の機会及び待遇の均等に関する条約」が採択されるのと同時に、「パートタイム労働者及び臨時労働者の労働条件（社会保障を含む）は、可能な限度において、フルタイム労働者の労働条件と同等であるべきこと」などを規定した１６５号勧告を採択していました。

さらに労働市場でパートタイム労働が増えるにしたがい、従来のフルタイム労働に対する法制や社会システムが十分でないことから、パートタイム労働の役割を考慮した雇用政策やパートタイム労働者の保護が必要であるという声が高まり、１９９４年６月のＩＬＯ総会で１７５号「パートタイム労働に関する条約」と１８２号勧告が採択されたのです。条約のうち、パートタイム労働者の処遇についてのおもな内容は、次のとおりです（くわしくは本書１０６ページ参照）。

①パートタイム労働者とは、通常の労働時間が比較可能なフルタイム労働者の通常の労働時間よりも短い被用者をいう（１条）。

②団結権、職業上の安全及び健康、雇用及び職業の差別に関して、パートタイム労働者は、フルタイム労働者と同一の保護を受けることを確保する措置をとる（４条）。

フルタイム労働者に対する
パートタイム労働者の賃金水準

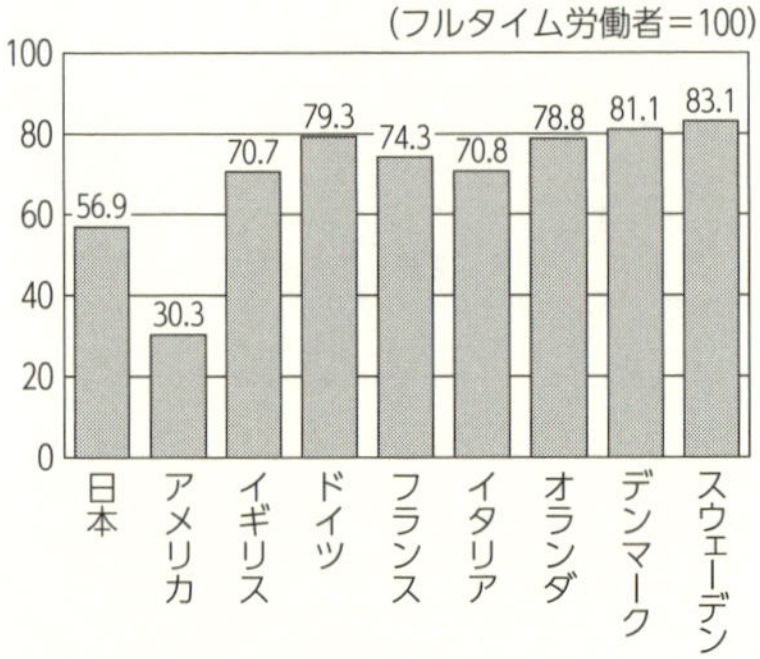

（注）　パートタイム・時間当たり賃金のフルタイム・時間当たり賃金（所定内給与）に対する割合。各国の2010～2012年のデータより。
資料：「データブック国際労働比較2014」JILPT

③パートタイム労働者がパートタイムで働いているという理由のみによって、時間、生産量又は出来高に比例して計算される基本賃金であって、同一の方法により計算される比較可能なフルタイム労働者の基本賃金よりも低いものを受領することがないことを確保するため、国内法及び国内慣行に適合する措置をとる（5条）。

④パートタイム労働者が社会保障で同等の条件を享受するよう制度を調整する（6条）。

⑤適当な場合には、国内法及び国内慣行に従い、フルタイム労働からパートタイム労働への転換又はその逆の転換が任意に行われることを確保するための措置をとる（10条）。

ヨーロッパ（EU）では

ヨーロッパ（EU）では、正規労働者と非正規労働者との待遇格差について、以下のEU指令に基づく法規制が行われています。

・1997年　パートタイム労働指令（1997／81／EC）

「パートタイム労働者は、雇用条件について、客観的な理由によって正当化されない限り、パートタイム労働であることを理由に、比較可能なフルタイム労働者より不利益に取り扱われてはならない。」（4条1項）

・1999年　有期労働契約指令（1999／70／EC）

「有期労働契約者は、雇用条件について、客観的な理由によって正当化されない限り、有期労働契約または関係であることを理由に、比較可能な常用労働者より不利益に取り扱われてはならない。」（4条1項）

このように、EUはパートタイム労働者や有期雇用労働者に対する不利益取扱い禁止の原則を定め、各国はこの原則を実現するために国内法の整備などを進めています。

日本では6割に近づく女性非正規労働者

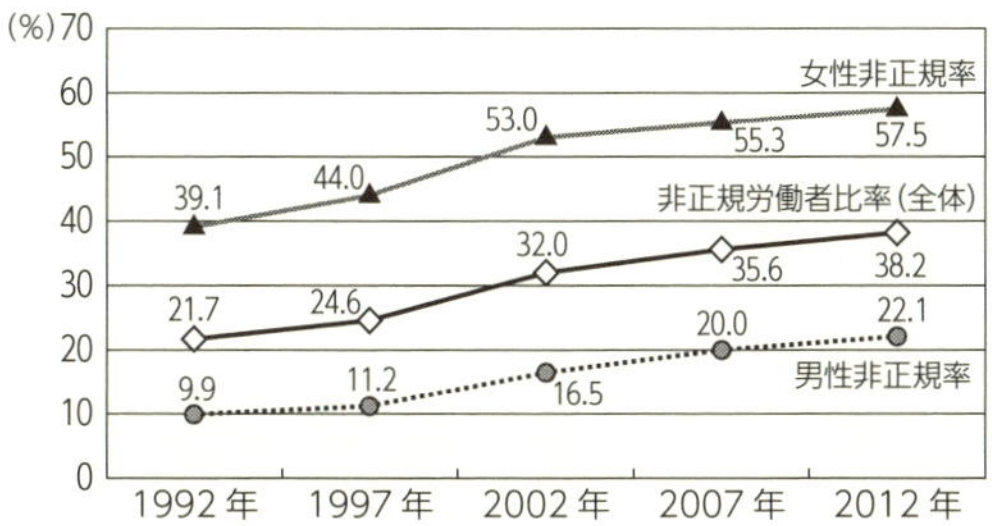

資料：総務省「就業構造基本調査」2012年

「郵政グループ内の非正規労働者の格差と実態」

郵政産業労働者ユニオン中央執行委員　倉林　浩

同じ仕事をしているのに大きな格差

２００8年の参議院総務委員会における会社答弁で郵政労働者の年収は正社員６６５万円（管理者を含めグループ全社員の単純平均）に対して期間雇用社員（時給制・月給制）は２１９万円と報告されました（正社員と同じ勤務日数及び1日8時間勤務として推計したもの）。

また、夏期・年末手当（ボーナス）は正社員１３２万円に対して期間雇用社員32万円です（最高額）。

年末年始勤務手当は、郵便業務の最繁忙期に特別高密度の作業を強いられることから12月29日～31日の勤務に正社員に対し1日あたり４０００円、1月1日～3日の勤務に1日あたり５０００円支給されます。しかし期間雇用社員には支給されません。

早出勤務の手当（一部抜粋）では、正社員は始業時刻6時前、1回につき８５０円で、期間雇用社員は５００円のみです。

私傷病による病気休暇と休職では、正社員は勤続10年未満で90日間、勤続10年以上で１８０日間、病気休暇として１００％賃金が保障されます。それでも治癒できない場合休職に入り、病気休暇期間を含め最長4年6ヶ月間賃金が保障されます（一部減額あり）。期間雇用社員の病気休暇は「無給の休暇」とされ10日間のみ、賃金保障はありません。社会保険の傷病手当金を請求しせめてもの穴埋めをすることになります。休職制度は定められていません。

夏期・冬期休暇は年次有給休暇とは別に正社員には夏期3日、冬期3日（旧郵便事業会社以外は２日）が付与されます。期間雇用社員にはありません。

正社員があたりまえの職場づくり

近い将来の郵政の雇用構造は時給制契約社員・無期雇用社員・新一般職・地域基幹職（主任・役職者・管理者）・総合職という多層構造になります。現在の労働規制破壊攻撃のなかでも、均等待遇については簡単には退けられない相手側のアキレス腱であると考えています。労働契約法第20条訴訟を始めました。（新）一般職は雇用政策として不当ですが、期間雇用社員にとっては現実の中で唯一の正社員化の道です。雇用構造の転換を断固として求めながら、公正で透明性のある登用の道とするようたたかいを強めます。非正規・正規混合の郵政ユニオンとして。

第2部　こんなとき　どうする？

パート・有期雇用労働者の
権利・働き方をめぐるQ＆A

以下のQ＆Aで引用されるパートタイム労働法、同法施行規則、指針及び通達は、いずれもとくにことわりのない限り、２０１５年４月１日から施行・適用される改正法によります。

Ⅰ　労働契約・労働条件・正社員への転換・雇止めなど

◆パートとは――◆

Q1 正社員より30分しか勤務時間が短くないのに、「パート」と呼ばれ、給料が低いだけでなく、ボーナスもありません。「パート」とはどんな人のことをいうのでしょうか。

A あなたが疑問に思われるのは無理もありません。じっさい正社員とまったく同じ時間フルタイムで働いているのにパートと呼ばれている人もいますし、正社員よりずっと短い時間で働いているパートもいます。パートと呼ばれないけれど、同じように正社員とされていない人（たとえば、アルバイト、臨時社員、嘱託社員、契約社員）もいます。政府が統計をとるときによく用いられるのは、「週の就業時間が35時間未満の労働者」をパートタイム労働者として調査しています。

２０１４年4月に改正され、２０１５年4月施行の「**パートタイム労働法**」では、「パートタイム労働者」という言葉を使わず、「短時間労働者」という言葉を使っています。この法律でいう「短時間労働者」とは、「一週間の所定労働時間が同一の事業所に雇用される通常の労働者（正社員のこと）の一週間の所定労働時間に比し短い労働者」をいいます（法2条）。わずかでも短かければ該当します。パートタイム労働法では、パートタイム労働者の保護のために、いろいろな権利やルールが定められていますが、法律が適用になるのは、パートタイム労働法2条で定められた「短時間労働者」＝パートタイム労働者です。

この本では、「短時間労働者」という言葉ではなく、「パートタイム労働者」または、短く「パ

パートタイム労働法
第2条　この法律において「短時間労働者」とは、一週間の所定労働時間が同一の事業所に雇用される通常の労働者（当該事業所に雇用される通常の労働者と同種の業務に従事する当該事業所に雇用される労働者にあっては、厚生労働省令で定める場合を除き、当該労働者と同種の業務に従事する当該通常の労働者）の一週間の所定労働時間に比し短い労働者をいう。

ート」という言葉を用いることにします。ここで大事なことは、パートタイム労働者かどうかは、一週間の所定労働時間を基準にしているということです。

フルタイムパートは？

日本には、正社員と同じ所定労働時間働きながら、「フルタイムパート」とか「疑似パート」と呼ばれている労働者がおおぜいいますが、パートタイム労働法は適用されません。しかし、フルタイムパートは、通常の労働者と同じ時間働いているのですから、なおさらのこと、保護が図られるべきです。

パートタイム労働指針では、「所定労働時間が当該事業所に雇用される通常の労働者と同一のパートタイム労働者」については、「パート法第2条に規定するパート労働者に該当しない」が、「パートタイム労働法の趣旨が考慮されるべきであること」とされています。

パートタイム労働指針（概要）（フルタイムパートについて）

所定労働時間が通常の労働者と同一の有期契約労働者については、短時間労働者法第2条に規定する短時間労働者に該当しないが、短時間労働者法の趣旨が考慮されるべきであることに留意すること。

（107ページ「指針」第2の3参照）

◆パートや有期契約社員で働くときや更新のときに注意すること◆

Q2

「雇用期間6か月（更新あり）、時給900円、残業なし、社会保険完備」というパートの求人広告を見て入社し、6か月。ところが社会保険は正社員のみで、「最近売り上げが落ちたので、時給は850円にする。」と言われ、やめることにしました。

今度は失敗したくありません。入社にあたりどのようなことに注意すればよいですか。また、更新時に注意することはありますか？

A

働く前にどのような条件で働くかを労使で決めて、使用者と労働者は労働契約を結びます。最初が肝心です。働いてからトラブルとならないよう、働くときに条件をよ

く確かめるため、まず賃金や労働時間など働く条件を使用者に明確にしてもらいましょう。

労基法の定めではつぎのようになっています（労基法15条1項、労基法施行規則5条）。

1　使用者が書面で明示しなければならない労働条件

使用者は労働契約締結の際に、次の労働条件を書面で明示しなければなりません。これは有期雇用労働者及びパートタイム労働者に共通しています。

①労働契約の期間に関する事項
②就業の場所及び従事すべき業務に関する事項
③始業及び終業の時刻、所定労働時間をこえる労働の有無、休憩時間、休日、休暇ならびに労働者を二組以上に分けて就業させる場合における就業時転換に関する事項
④賃金の決定、計算及び支払いの方法、賃金の締切り及び支払いの時期ならびに昇給に関する事項
⑤退職に関する事項（解雇の事由を含む）

2　使用者が口頭または書面により明示する義務のある事項

次の事項については、制度として設けている場合には、使用者は口頭または書面により明示しなければなりません。

⑥退職手当に関する事項
⑦臨時に支払われる賃金（退職手当を除く）等に関する事項
⑧労働者に負担させるべき食費、作業用品その他に関する事項

⑨安全及び衛生に関する事項
⑩職業訓練に関する事項
⑪災害補償及び業務外の傷病扶助に関する事項
⑫表彰及び制裁に関する事項
⑬休職に関する事項

パートタイム労働法ではつぎのように定めています。

1　必ず明示しなければならない「特定事項」

パートタイム労働法では、事業主はパートタイム労働者を雇い入れたときは、右の事項に加えて、①昇給の有無、②退職手当の有無、③賞与の有無、④パートタイム労働者の雇用管理の改善等に関する「相談窓口」[*1]の4つの労働条件について、速やかに明示することを義務づけています（法6条1項、パート則2条1項）。

明示の方法は文書によるのが原則ですが、労働者が希望した場合は、電子メールやファックスでの明示も可能です[*2]（パート則2条2項）。事業主がこれに違反した場合に、行政指導を受けても改善がみられなければ、10万円以下の過料に処せられます（法31条）。

2　明示に努めるべきその他の事項

さらにパートタイム労働法6条2項は、その他の事項についても文書の交付等により明示するように努めるものと定めています。

通達は主なものとして次の事項をあげています。

＊1　**相談体制の整備**
パートタイム労働法16条に基づき、事業主はパートタイム労働者からの苦情を含めた相談を受けるための体制を整備しなければならない。「相談窓口」の明示の具体例としては、担当者の氏名、担当者の役職又は担当部署が考えられる（通達）。

＊2　**文書の交付等**
電子メールによる場合は、パートが望めばプリンターに接続して書面を作成することが可能であること。

①昇給（特定事項を除く―特定事項である「昇給の有無」については努力義務ではなく義務です）。
②退職手当（特定事項を除く）、臨時に支払われる賃金、賞与（特定事項を除く）、1か月を超える期間の出勤成績、勤続等によって支給される精勤手当・勤続手当・奨励加給又は能率手当
③所定労働日以外の日の労働の有無
④所定労働時間を超えて、又は所定労働日以外の日に労働させる程度
⑤安全衛生
⑥教育訓練
⑦休職

労働条件通知書

厚生労働省は、労基法15条に基づく労働条件の明示とパートタイム労働法6条に基づく労働条件の明示を兼ねるものとして「労働条件通知書」のモデル様式を作成し、事業主に対して労働者に交付するよう奨励しています（36～37ページ参照）。書面で明示されれば他の様式でも構わず、雇用契約書を締結する方法もあります。また、労働契約締結の際に、当該労働者に適用する部分を明確にして就業規則を交付する方法でも構いません。

労働条件通知書をもらうとき、内容の確認が必要です。とりわけ契約期間については注意が必要です。「期間の定めなし」というのは、いつやめさせられるかわからないことではないかと誤解している人がいますが、それは逆です。定年まで働けるという意味で、かえって労働者には有利なのです。期間を定めるときには、労基法で3年以内（14条、ただし、一定の高度専門

職及び満60歳以上の労働者との間に締結される労働契約については5年以内）と定められています。労働者にとって大事なのは、更新があるかどうかです。たとえば「一応、半年にしておきます」といわれたら、「その後も働けるんですね」と念を押しましょう。そして労働条件通知書にそのことを（「更新あり」と）書いてもらいましょう。

更新時に注意すること

有期契約の更新の場合にも、労働条件の明示が必要です。実際には労働条件は「従来通り」として、雇用期間のみ書き直した契約書を形式的にとり交わすことが行われています。

労働者として注意しなければならないのは、「次回更新なし」（「不更新条項」といいます）という文字が入り込んでいないかです。「前と同じだから」、「形だけだから」といわれても、安心せず、しっかり内容を確かめ、不更新条項は入れさせないことです。

求人広告と働く条件が異なるとき　労働条件通知書など書面があるとき

労働条件通知書（36～37ページ参照）に広告通りの内容が記載されていれば、いったん成立した労働契約の内容を相手方（あなた）の承諾なしに会社が一方的に変更することはできません。「私はそれでは生活が大変ですので、はじめの契約通りにお願いします」と、会社の申し出には応じられないことをはっきり言いましょう。

契約の書面がないとき

契約書などの書面がないときには、ご質問のようなトラブルが起こりがちです。

求人広告それ自体は、求職者からの申し込み（応募）を誘うもので契約書そのものではあり

労働契約法

（労働契約の内容の変更）

第8条　労働者及び使用者は、その合意により、労働契約の内容である労働条件を変更することができる。

賃　　金	1　基本賃金　イ　月給（　　　　　円）、ロ　日給（　　　　　円） ハ　時間給（　　　　円）、 ニ　出来高給（基本単価　　　円、保障給　　　円） ホ　その他（　　　　　円） ヘ　就業規則に規定されている賃金等級等 2　諸手当の額又は計算方法 イ（　　手当　　　　円　／計算方法：　　　　　　　　　　） ロ（　　手当　　　　円　／計算方法：　　　　　　　　　　） ハ（　　手当　　　　円　／計算方法：　　　　　　　　　　） ニ（　　手当　　　　円　／計算方法：　　　　　　　　　　） 3　所定時間外、休日又は深夜労働に対して支払われる割増賃金率 イ　所定時間外、法定超　月６０時間以内（　　　）％ 月６０時間超　（　　　）％ 所定超　（　　　）％ ロ　休日　法定休日（　　　）％、法定外休日（　　　）％ ハ　深夜（　　　）％ 4　賃金締切日（　　　）－毎月　日、（　　　）－毎月　日 5　賃金支払日（　　　）－毎月　日、（　　　）－毎月　日 6　賃金の支払方法（　　　　　　　　　　） 7　労使協定に基づく賃金支払時の控除（無　，有（　　　）） 8　昇給（　有（時期、金額等　　　　　　　　　），　無　） 9　賞与（　有（時期、金額等　　　　　　　　　），　無　） 10　退職金（　有（時期、金額等　　　　　　　），　無　）
退職に関する事項	1　定年制　（　有　（　　歳），　無　） 2　継続雇用制度（　有（　　歳まで），　無　） 3　自己都合退職の手続（退職する　　日以上前に届け出ること） 4　解雇の事由及び手続 ［　　　　　　　　　　　　　　　　　　］ ○詳細は、就業規則第　条～第　条、第　条～第　条
そ　の　他	・社会保険の加入状況（　厚生年金　健康保険　厚生年金基金　その他（　　　　）） ・雇用保険の適用（　有　，　無　） ・その他［　　　　　　　　　　　　　　　　　　］ ・具体的に適用される就業規則名（　　　　　　　　　） ※以下は、「契約期間」について「期間の定めあり」とした場合についての説明です。 労働契約法第18条の規定により、有期労働契約（平成25年4月1日以降に開始するもの）の契約期間が通算５年を超える場合には、労働契約の期間の末日までに労働者から申込みをすることにより、当該労働契約の期間の末日の翌日から期間の定めのない労働契約に転換されます。

※　以上のほかは、当社就業規則による。

※　短時間労働者の場合、本通知書の交付は、労働基準法第１５条に基づく労働条件の明示及び短時間労働者の雇用管理の改善等に関する法律第６条に基づく文書の交付を兼ねるものであること。

※　登録型派遣労働者に対し、本通知書と就業条件明示書を同時に交付する場合、両者の記載事項のうち一致事項について、一方を省略して差し支えないこと。

※　労働条件通知書については、労使間の紛争の未然防止のため、保存しておくことをお勧めします。

※「労働条件通知書」厚生労働省モデル様式

（短時間労働者・派遣労働者用；常用、有期雇用型）

労働条件通知書

<table>
<tr><td colspan="2">年　月　日
＿＿＿＿＿＿＿＿殿
事業場名称・所在地
使 用 者 職 氏 名</td></tr>
<tr><td>契約期間</td><td>期間の定めなし、期間の定めあり（　年　月　日～　年　月　日）
※以下は、「契約期間」について「期間の定めあり」とした場合に記入
1　契約の更新の有無
［自動的に更新する・更新する場合があり得る・契約の更新はしない・その他（　　）］
2　契約の更新は次により判断する。
・契約期間満了時の業務量　・勤務成績、態度　・能力
・会社の経営状況　・従事している業務の進捗状況
・その他（　　）</td></tr>
<tr><td>就業の場所</td><td></td></tr>
<tr><td>従事すべき業務の内容</td><td></td></tr>
<tr><td>始業、終業の時刻、休憩時間、就業時転換((1)～(5)のうち該当するもの一つに○を付けること。)、所定時間外労働の有無に関する事項</td><td>1　始業・終業の時刻等
(1) 始業（　時　分）　終業（　時　分）
【以下のような制度が労働者に適用される場合】
(2) 変形労働時間制等；（　）単位の変形労働時間制・交替制として、次の勤務時間の組み合わせによる。
─ 始業（　時　分）　終業（　時　分）　（適用日　　）
─ 始業（　時　分）　終業（　時　分）　（適用日　　）
─ 始業（　時　分）　終業（　時　分）　（適用日　　）
(3) フレックスタイム制；始業及び終業の時刻は労働者の決定に委ねる。
（ただし、フレキシブルタイム（始業）　時　分から　時　分、
（終業）　時　分から　時　分、
コアタイム　時　分から　時　分）
(4) 事業場外みなし労働時間制；始業（　時　分）終業（　時　分）
(5) 裁量労働制；始業（　時　分）　終業（　時　分）を基本とし、労働者の決定に委ねる。
○詳細は、就業規則第　条～第　条、第　条～第　条、第　条～第　条
2　休憩時間（　）分
3　所定時間外労働の有無
（　有　（1週　時間、1か月　時間、1年　時間），無　）
4　休日労働（　有　（1か月　日、1年　日），　無　）</td></tr>
<tr><td>休　日
及び
勤 務 日</td><td>・定例日；毎週　曜日、国民の祝日、その他（　　）
・非定例日；週・月当たり　日、その他（　　）
・1年単位の変形労働時間制の場合－年間　日
（勤務日）
毎週（　　）、その他（　　）
○詳細は、就業規則第　条～第　条、第　条～第　条</td></tr>
<tr><td>休　暇</td><td>1　年次有給休暇　6か月継続勤務した場合→　日
継続勤務6か月以内の年次有給休暇　（有・無）
→　か月経過で　日
時間単位年休（有・無）
2　代替休暇（有・無）
3　その他の休暇　有給（　　）
無給（　　）
○詳細は、就業規則第　条～第　条、第　条～第　条</td></tr>
</table>

（次頁に続く）

インターネット利用の場合［労働条件通知書］で検索→厚生労働省サイト
http://www.mhlw.go.jp/bunya/roudoukijun/roudoujouken01/ など

ません。労働契約は求人広告を見た労働者が申し込み、企業が求職者と面接などをして労働条件について話し合って、その結果企業が承諾（採用決定）したときにはじめて成立します。ですから、求人広告だけでなく、実際に応募したときに企業とどのようなやりとりがあったかによって、どのような契約が成立しているのかがわかるのです。

あなたは求人広告の労働条件を見て、これなら働きたいと思い応募しているのですから、会社との面接や話し合いで特段別の話（たとえば、時給は平均８５０円で仕事や時間帯で異なるなど）がなければ、求人広告通りの労働条件で契約が成立したと解されます。

とくに賃金や社会保険の有無などは重要な労働条件ですので、いったん成立した契約を会社が一方的に不利益に変更することはできません（賃金については本来書面で明示することが義務づけられています）。

◆パートから正社員になれないか◆

Q3

パートで3年働いている会社が同じ職種の正社員の募集をしています。応募したいといったところ「パートから正社員に登用することはないので応募できない」といわれました。パート採用だとずっとパートとしてしか働けないのでしょうか。

A

パートの中には、正社員として働くことを希望しているのに、正社員として就職できなかったためにやむなくパートで働いている人がいます。しかし、一度パートになると、正社員になるのはなかなか難しいというのが実情です。そこでパートタイム労働法では、パートから通常の労働者（正社員）へ転換する機会を整えることを事業主の義務としています（法13条）。

具体的には、事業主は、次のうちから少なくとも一つを実施しなければなりません。
①通常の労働者の募集を行う場合において、当該募集に係る事項を事業所に掲示すること等により、パートタイム労働者に周知すること
②通常のポストを社内公募する場合、既に雇っているパートタイム労働者にも応募する機会を与えること
③一定の資格（例えば勤続年数等）を有するパートタイム労働者を対象とした通常の労働者へ転換するための試験制度を設けること
④その他、通常の労働者への転換を推進するための措置（教育訓練など）を講じること
あなたは会社から「パートから正社員に登用することはないので応募できない」といわれたとのことですが、たしかに会社には、正社員に応募したパートを必ず正社員にしなければならない義務はありません。しかし、はじめから「正社員として登用することはない」と決めつけて、①から④のいずれの方法も実施していないならば、パートタイム労働法13条に明らかに違反します。

通常の労働者への転換を推進するための措置については、①事業所内の苦情処理制度の活用、②相談窓口への相談、③労働者が都道府県労働局長に紛争解決を求めた場合には、必要な助言、指導、勧告の対象となります。④都道府県労働局長が必要と認めれば、「均衡待遇調停会議」に調停を求めることもできます。

まず、あきらめずに、パートタイム労働法13条を根拠に会社に対し正社員へ転換する機会を与えるよう求めていきましょう。

◆有期契約社員から正社員になるには？◆

Q4

一年契約の契約社員として働き、２０１４年4月1日の更新で9年目になります。仕事にも精通し、業務上も高く評価されていますが、正社員への転換制度がありません。正社員になりたいのですが、どうすればよいでしょうか。

A

正社員という意味が問題ですが、①会社に直接雇われ、②フルタイムで働き、③雇用期間の定めがない（無期労働契約）、という3つの要件を満たす労働者を、「通常の労働者」あるいは「正社員」と呼ぶのが一般的です。

「契約社員」と呼ばれる人の労働条件は企業によって違いはありますが、一般には①、②の要件は満たしているが、③については「期間の定めがある」点で正社員と異なる労働者を「契約社員」と呼んでいることが多いのです。

無期転換申込権を使って無期労働契約に

第I部の16～18ページで解説した改正労働契約法18条に定める無期転換申込権を行使して無期雇用に転換できます。「無期転換申込権」とは同一の使用者との間で有期労働契約が通算で5年を超えて反復更新された場合に、労働者の申込みにより、期間の定めのない労働契約に転換する制度です。この仕組みを「無期転換ルール」といいます。

このルールを使って無期雇用に転換するには、次の要件がすべて揃う必要があります。

①同一使用者との間で有期労働契約が1回以上更新されること
②更新された有期労働契約の通算期間が5年を超えること
③労働者が使用者に対し、期間の定めのない労働契約の締結を申し込むこと

④通算期間が5年を超えることとなる有期労働契約の契約期間の初日から当該有期労働契約の契約期間が終了する日までの間に③の申込みをすること

すでにあなたは２０１４年４月１日には勤続９年目に入ったとのことですが、残念なことに法律では②の通算期間は、労働契約法18条が施行された２０１３年４月１日以降に締結又は更新された労働契約から数えることになっています。この条文が施行される前にさかのぼって起算するものではありません。ですから無期転換できるのは、もっとも早くとも２０１８年４月１日以降ということになります。

無期転換申込権を行使したらどうなるのか

無期転換申込権を行使すると、使用者はその申込みを承諾したとみなされ、無期労働契約が成立します。無期に転換されるのは、申込み時の有期労働契約が終了する翌日です。あなたが２０１８年４月１日以降２０１９年３月31日までの間に申込みをすれば２０１９年４月１日から無期労働契約になります。

無期労働契約に転換したら給与などはどうなるのか

期間の定めがない契約になりますが、別段の定めがなければ、給与などは有期労働契約と同一です。逆にいうと、会社との個別交渉で変更も可能ということです。通達では、「別段の定め」というのは、労働協約、就業規則、個々の労働契約をいうとしています。

無期労働契約に変更になり、いつ雇い止めされるかわからないという不安は解消され、安定して働き会社にも貢献していくのですから、給与や処遇の改善を求めたい

【契約期間が１年の場合の例】

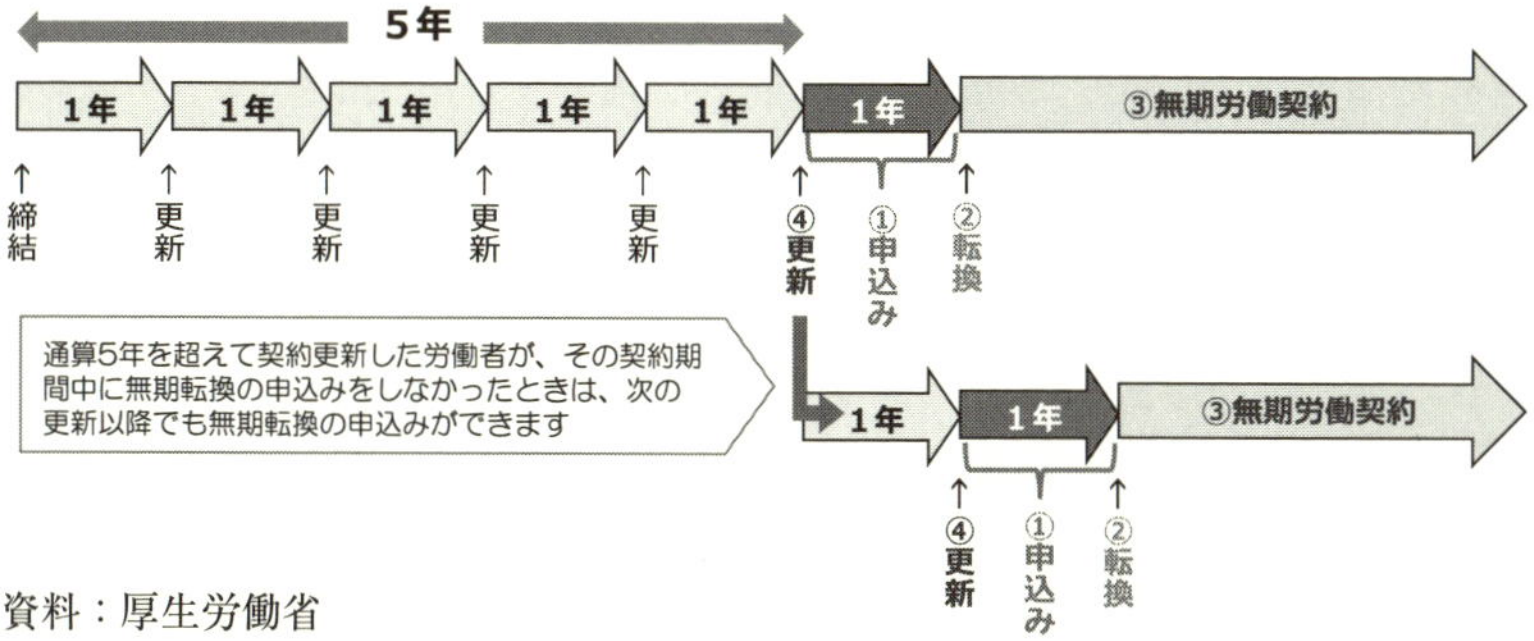

資料：厚生労働省

ところですが、労働者が会社と対等に交渉するということはなかなかむずかしいことです。やはり、労働組合が無期労働契約に転換した労働者の給与（賞与・退職金なども含め）などの処遇についてアップしていく取組みをするのが望まれます。

“いますぐ無期雇用に”と取り組む労働組合

労働契約法18条が施行（2013年4月1日）される前に、すでに有期契約の更新を重ね5年を超えて働いている多くの労働者がいます。

法律は最低の基準ですから、それよりもよい条件を労使で決めることは望ましいことです。労働契約法18条施行から5年を超えるのを待つのではなく、現在有期で一定年数を超えて働いている労働者を無期契約労働者に変更するように求めて、実現している例もあります。

たとえば、生協労連は雇用を安定させる無期雇用の実現に労働組合全体で取り組み、無期化を実現した職場も多数生まれています（次ページ参照）。これらの運動に学び、労働組合などの取り組みを強めたいところです。

有期雇用から無期雇用へのたたかい
〜コープかごしま労働組合〜

コープかごしま労働組合副執行委員長　**福丸裕子**

コープかごしま労働組合では、2011年春闘より全パート職員（約1400人）を有期雇用から無期雇用への転換の要求を始めました。当初、理事会の回答は「無期に転換するためには、対応が必要なものについて調査や研究が必要なので、今後の課題とさせてほしい」というものでした。その後、賃金問題、退職金問題、事業所異動、事業所統廃合や閉鎖における雇用問題、人事制度など無期転換の際に検討しなければならないと思われる課題について、毎月労使協議をおこなってきました。そして、理事会から「契約を無期にするのであれば、正規職員と同じように考えていきたい。部門間異動を含め、事業所異動も視野に入れて考えてもらう。また正規と同じように評価もおこなう」というような表明がありました。しかし、労働組合は一貫して「要求しているのは有期雇用契約から無期雇用にしろと言っているだけで、何もかも正規と同じような考えならば、賃金を含むすべてにおいて均等待遇にするべきだ」「安心して生協で働き続けたい。毎年雇用契約面接のときになると不安もある。もう何十年も生協で働いている」と交渉をおこない、職場では、分会討議やレクリエーションなどあらゆる場面で、なぜ有期雇用から無期雇用への転換が必要なのかについて、学習や討議をすすめてきました。

そして2012年春闘でも要求し、継続的に協議をおこない、異動の範囲のあり方や労働時間の変更などは本人合意なしには一方的におこなわないなどを確認してきました。

2013年春闘では理事会から「3年かけて協議をおこなってきた。今後、3年間の期間を経た定時職員に対して、本人の希望に沿って雇用契約の期間の定めのない契約に移行していく制度とする」と法を上回る回答を引き出すことができました。

要求実現まで、職場での学習を積み重ねてきたことと、労働契約法の改正も後押しになったとは思いますが、3年間のなかまの団結とたたかいの成果です。

しかし、これは均等待遇への第一歩です。今後は労働契約法を活用した処遇改善をすすめるとともに、本当の意味での均等待遇を実現させるためには、パート法の抜本改正が必要です。

派遣社員からパートへ、パートから正社員へ

全日本金属情報機器労働組合（ＪＭＩＵ）
川崎支部三和エレクトロニクス分会
細谷静雄

２００８年、川崎市の「三和エレクトロニクス」で働いていたＡさん（当時派遣社員）の派遣元と会社との間で二重派遣が発覚し、会社は「11月20日でＡさんの派遣元との契約打ち切り」を出してきました。Ａさんは第二組合（電機連合）にも相談しましたが、社員でないということで相手にされませんでした。分会組合員からの「ＪＭＩＵの組合は正社員でなくても入れる」という呼びかけで、執行部に相談に来ました。

ＪＭＩＵ三和分会は「違法行為は会社間の問題であって、派遣社員が犠牲になることは許せない」と、10月15日、「①違法行為の正確な事実経過と、今後のコンプライアンス対策の提示を求める。②会社の責任において、派遣社員の雇用を確保することを強く求める」申入書を提出し、秋闘でも交渉。会社は、過ちを認めながらも、しわ寄せを派遣社員に負わせようとする態度でした。

こうした中、10月30日ＡさんがＪＭＩＵに加盟し、11月6日「組合員のＡさんを正社員にせよ」という要求書を会社に提出しました。団体交渉には、ＪＭＩＵ神奈川地方本部の鵜養委員長（当時）も参加し、２回目の交渉に、本人も参加しました。その席上で会社は、12月１日から、パートとして直接雇用を回答。正社員での採用とはなりませんでしたが、直接雇用された点は大きな前進でした。

「Ａさんの三和で働きたいという強い要求」「労働組合に加盟して組合員の支援（ＪＭＩＵ中央・地方本部の支援も含め）を得て要求したこと」「派遣社員としてこの間頑張ってきたＡさんの実績と職場の支持」「交渉の中で会社が、『会社間のゴタゴタでＡさんに迷惑をかけた』ことを率直に認め、話し合いで解決しようと誠意ある対応をとったこと」が前進の大きな要因でした。今後も職場での正常な労使関係を一層発展させていくことが大切だと考えます。

その後、ＪＭＩＵは交渉をかさねパートから正社員への道すじ（7年勤続で正社員）をつくり、有給休暇・特別休暇・賃上げ額も社員と同じになるように制度を次々と実現してきました。そして、２０１３年春闘で勤続7年を「5年で正社員」に短縮させ、Ａさんは7月に正社員になりました。一人の女性が組合に入り要求をし続けたことで、職場の労働条件が大幅に改善されました。

◆期間途中の解雇◆

Q5　1年契約で働いていますが、毎年、書類だけを形式的に書き直して、来年の3月までの契約になっています。ところが会社から「契約途中だが、10月末で退職してほしい」といわれました。ずっと働けると思っていたのに納得がいきません。どうすればよいでしょうか。

A　1年という期間の定めがある契約（＝有期労働契約）で働いているとのことですが、期間途中での解雇は「やむを得ない事由がある場合でなければ」できません（労働契約法17条1項＊。以下、労働契約法は労契法と略す）。「やむを得ない事由」がない解雇は無効です。「やむを得ない事由」の立証責任は使用者が負っています。

そこで問題になるのが「やむを得ない事由」とはどのようなものを言うかです。労契法の通達では、期間の定めのない労働契約につき解雇権濫用法理を適用しても解雇が有効な場合よりも限定されている、つまり厳しいと解されています。

解雇事由に客観的合理的理由があるだけでなく、契約期間が満了するのを待つことができないほどの重大なものでなければならないのです。

やむを得ない事由があっても

途中解雇には解雇予告（労基法20条）が当然必要です。また、仮にやむを得ない事由に該当する場合でも、使用者に過失があれば（たとえば使用者の放漫経営で業績が急速に悪化し部門閉鎖をしなければならない場合など）、労働者は損害賠償を請求することができます（残りの契約期間の賃金相当額の請求等）。

＊民法628条は「当事者が雇用期間を定めた場合であっても、やむを得ない事由があるときは、各当事者は、直ちに契約の解除をすることができる。（後略）」と定めている。やむを得ない事由がなければ、労使いずれからも途中解約することはできない。

労契法17条1項は、このうち使用者からの解雇について制限を厳しくしたものである。

労契法17条

①使用者は、期間の定めのある労働契約について、やむを得ない事由がある場合でなければ、その契約期間が満了するまでの間において、労働者を解雇することができない。

②使用者は、有期労働契約について、その有

◆「雇止め」にあったら…◆

Q6

「6カ月契約、更新あり」という条件で7回更新し、4年働きましたが、今年の更新日に「今回は契約更新をしない」と一方的にいわれました。仕事にも慣れ、特別落ち度はないと思うのですが、やめなければならないのでしょうか。

A

雇止めの制限

有期労働契約は、使用者が更新を拒否（更新をしないということ）したときは、契約期間満了で、終了します。これを「雇止め」といいます。雇止めは制限されています。

「雇止め法理」を労契法19条に明記

ところで有期雇用の労働者で、契約更新が繰り返され何年も働いている労働者がおおぜいいます。しかし何年働いても「有期」労働契約ということで、「次は雇止めされるのではないか」という不安は消えません。

更新の拒否は実質解雇と同じです。解雇が自由にできず濫用が許されない（労契法16条「解雇権濫用法理」）のと同じように、雇止めも許されない場合があると、裁判でその効力を争うたたかいが続きました。そして一定の場合には、雇止めを無効とする判例上のルールが確立したのです。このルールを「雇止め法理」といい、労契法19条にこのルールが明記されました。

雇止め法理が適用される場合

①反復更新された有期労働契約で、その雇止めが無期労働契約の解雇と社会通念上同視できると認められるもの[*1]

期労働契約により労働者を使用する目的に照らして、必要以上に短い期間を定めることにより、その有期労働契約を反復して更新することのないよう配慮しなければならない。

＊1　**東芝柳町工場事件**（最高裁第一小法廷昭49・7・22）判決の要件を規定したもの

②労働者において、有期労働契約の契約期間の満了時にその有期労働契約が更新されるものと期待することについて合理的な理由があると認められるもの[*2]

有期雇用で働くときに、使用者が「一応3か月契約だが長く働いて欲しい」とか「1年契約ですが皆さん長く働いていますよ」などと言われれば、労働者が長く働けると信じるのはもっともです。契約のはじめにそのようなことを言って長く働かせてきたのに、契約更新の直前になって「期間満了です」と言って雇止めを行い、あるいは「今回は更新するけどその次はないものと思って下さい」など一方的に宣言して、次の更新時に「了解を得ていたではないか」などと言って、雇止めをすることは、信義則に反します。通達も、そのようなことのみで更新を期待できないとすることは合理性が認められないとしています。更新の期待は、有期労働契約のはじめから終了まで、あらゆる事情を総合して合理性があるかどうかで判断されます。

*2　**日立メディコ事件**（最高裁第一小法廷昭61・12・4）判決の要件を規定したもの

雇止めが認められないのはどのような場合か

（1）①、②のいずれかに該当する場合に、使用者が雇止めをすることが、「客観的に合理的な理由を欠き、社会通念上相当であるべきと認められないとき」は、雇止めは認められません。

（2）ただし、労働者から更新の申込みがあったことが必要です。この申込みは、更新期間満了後でも遅滞なく申込みをすればよく、また労働者のなんらかの反対の意思が使用者に伝わればよいのです。使用者から「今回で契約終了」といわれたときに、「嫌です」「困ります」などと言うのでもかまいません。要は雇止めに異議があること、あるいは続けて働きたいという労働者の意思が示されればよいのです。

雇止めが認められないとき、従前と同一の労働条件で有期労働契約が更新されます。

◆パート・契約社員から解雇◆

Q7

「不況で仕事が減ったのでやめてほしい」とパートと契約社員だけが解雇されました。非正規労働者はいつ解雇されてもしかたがないのですか。

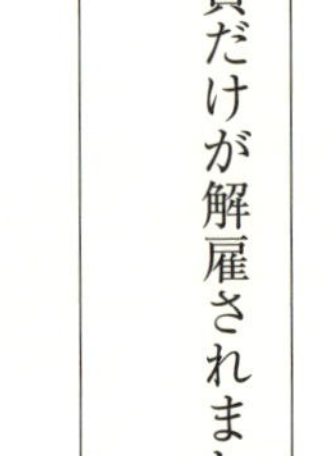

A

そんなことはありません。

解雇は、使用者が一方的に意思表示をして労働契約を終了させるものです。労働者は賃金を得て生活しているのですから、解雇されれば、家族を含めて生活が困難になります。このような労働者への不利益を考慮して、多くの国では使用者による解雇は正当な事由を必要とするなど、法律上の制限をもうけています。

日本では、民法で、雇用期間の定めがないとき、労使いずれからも「いつでも解約の申し入れをすることができる」と定め、解約の申し入れから２週間を経過すれば雇用が終了するとしています（民法６２７条１項）。

しかし、このように使用者がいつでも自由に労働者を解雇できることになると、賃金のみで生活している労働者とその家族は生活ができなくなってしまいます。そこで、解雇には法律上いろいろな厳しい制限が定められています。

まず、どのような定めがあるのかよく理解しましょう。

解雇の制限

解雇にはさまざまな規制があります。

1 解雇事由は就業規則に定めること（労基法89条3号）

就業規則や労働協約で解雇事由が制限されているときは、その事由以外で解雇はできません。

2 解雇予告ないし解雇予告手当の支給等手続上の制限

解雇事由に該当すればいつでも解雇できるかといえば、そうではありません。4で述べる制限があります。また、少なくとも30日前にその予告をしなければなりません。30日前に予告しない使用者は、30日分以上の平均賃金（予告手当）を支払わなければなりません（労基法20条1項）。

この予告期間の日数は、1日分の平均賃金の支払いによって短縮できます（同条2項）。そして30日分以上の平均賃金を支払えば、即時解雇も可能です。最低30日分以上の平均賃金を保障して、労働者の求職活動を支援しようという趣旨です。

3 法律で解雇が禁止されている場合（主な場合）

労基法
・国籍、信条又は社会的身分を理由とする差別的取扱（解雇を含む）（3条）
・労働者が業務上負傷し、または疾病にかかり療養する期間およびその後30日間の解雇（19条1項）
・女性が産前産後休業中およびその後30日間の解雇（19条1項）

労組法
・労働組合の結成、加入、活動などを理由とする解雇（7条）

育児・介護休業法
・育児休業または介護休業を申し出たこと、またはそれを取得したことを理由とする解雇（10条、16条）

均等法
・労働者の定年、解雇、労働契約の更新について、労働者の性別を理由として差別的取扱いをすること（6条4号）
・妊娠中及び出産後1年を経過しない労働者の解雇（但し事業主が妊娠等を理由とする解雇でないことを立証した場合を除く）（9条3項、4項）。

4 労契法16条による制限―解雇の一般的規制

解雇予告手当を支払えば解雇は自由であると思っている使用者がいます。しかし、それは間違いです。

労契法16条は、「解雇は、客観的に合理的な理由を欠き、社会通念上相当であると認められない場合は、その権利を濫用したものとして、無効とする」と定めています。これは、使用者の一方的な解雇に対し、労働者が解雇権の濫用だと訴え、多数の裁判の積み重ねによって確定したルールを、法律の条文にしたものです。

つまり解雇が認められるのは、①客観的に合理的な理由があり、②社会一般の通念から考えても相当、と認められる場合だけです。このように、企業は労働者をけっして自由に解雇できるわけではありません。

整理解雇

不況で人員を整理する必要が生じたとしても、本来経営責任は使用者にあり、労働者にはありません。労働者が生活基盤を失わないようにするのは、経営者の責任です。ですから、解雇は最後の手段としてできるだけ回避されるべきものです。整理解雇についても、労働者のたたかいによって、裁判例が積み重ねられ、整理解雇の有効性を判断するために、次の4つの基準が考慮されています。

その基準のうち一つでも欠ければ解雇を無効とする裁判例（4要件になる）と、総合して解雇の効力を判断する裁判例があります。この整理解雇の4つの判断基準をよく覚えておいてください。

①人員整理の必要性　人員削減をしなくてはならない経営上の真の必要性があること。客観

※その他の参考判例

サンヨー電機事件（大阪地裁：平成2・2・20地位保全仮処分申請の決定。平成3・10・22の本訴判決も結論を支持）。

丸子警報器雇止め事件　東京高裁判決（平11・3・31）

人員削減の必要性や人選の合理性については否定しなかったが、パートに対する雇止めの通告と同じ日に労働組合に対する通告が行われたことなどから、労働者側とは十分な事前協議が行われとは評価できないとして解雇を無効とした。

安川電機八幡工場パート解雇（本訴）事件　福岡地裁小倉支部判決（平16・5・11）

人員削減の必要性については否定できない

的にみて高度の経営危機状態になければなりません。

②解雇回避努力　会社が解雇を避けるための努力を十分に尽くしていること。役員報酬の大幅カット、不採算部門の切り捨て、出向、一時帰休、希望退職の募集など、いろいろな方法を十分に尽くしたかどうか。何も手段を試みずにいきなり整理解雇した場合は、ほとんど例外なく解雇権の濫用とされています。

③人選の合理性　被解雇者の人選について客観的で合理的な基準が設けられ、これが公平に適用されて行われること。

④労働者側に対する説明・協議をつくすこと　会社が労働組合や労働者の代表者等に対して整理解雇が必要であること、その時期、規模、方法等について納得を得るための説明を行い、さらに誠意をもって協議すること。

かつて、不況になるとまずパートタイム労働者が整理されました。しかし、これに対し、裁判に訴えて勝利し、その後のおおぜいの解雇をふせいだ労働者がいます。三洋電機の定勤社員です。契約期間1年のパートタイム労働者で「定勤社員」と呼ばれ、更新をくりかえし長く働いてきたのに、1987年に不況のため解雇されたのです。裁判所は、契約の更新によりその実質において期間の定めのない労働契約と異ならない状態であり解雇権濫用法理が類推適用され、業績不振を理由に雇止めするに当たっては解雇回避のための努力を尽くすべきである、ところがそれを尽くしていないから雇止めは無効と明確に判断しました。* 非正規労働者だからといって、安易に解雇することは許されないのです。

もっとも正社員に対し希望退職を募ることなく、非正規社員から解雇して人員整理をすることは許されるとした判決があります（日立メディコ事件の高裁判決。最高裁もこれを支持）。し

が、勤務態度・協調性・作業能率及び品質状況という人選基準は客観性・合理性がなく、適用も恣意的であったとして、解雇を無効とした。

※日立メディコ事件
東京高裁判決（昭和55年12月16日）
「いわゆる臨時工を比較的簡易な採用手続きで採用し、不況時の雇用量の調整を図ることは、常に景気変動の影響を受ける私企業としてはやむを得ないのであって、「特段の事情のない限り、まず臨時員の削減を図るのが社会的にみても合理的」であると判断。

かし、パートタイム労働法では、「通常の労働者と同視すべき」パートタイム労働者については、あらゆる労働条件について差別的取扱いが禁止されているので（法9条）、この判例理論は適用されないと主張できます。また、更新が繰り返され長く継続して働きつづけているパートも、実質期限の定めのない労働者になっているのですから「雇止め法理」がはたらき、パートだからといって安易に正社員より先に解雇することが許されるものではありません。

5 解雇理由証明書等の交付

ア　退職証明書の交付

使用者は、労働者が退職の際に請求した場合には、退職の事由（解雇の場合はその理由を含む）等について証明書を発行しなければなりません（労基法22条1項）。

イ　解雇理由証明書

解雇予告された労働者が予告期間中に請求した場合には、使用者は解雇理由について証明書を遅滞なく交付しなければなりません（同条2項）。

この理由の記載は、どのような事実が就業規則のどれに該当して解雇されたのかがわかるものでなければなりません。理由書の交付が解雇要件になっているのではありませんが、使用者に解雇理由を明らかにさせることによって、乱暴な解雇を防ぐ効果があります。

労働者が請求しても使用者が証明書を交付しなかったときには、解雇が客観的合理的理由を欠くと推定されます。また、証明書を交付したときには、使用者が後に証明書に記載していない解雇理由を追加主張した場合、なぜ記載しなかったのか、合理的理由が問われることになります。

「鮮度が落ちる」と雇い止め

首都圏青年ユニオン（東京公務公
共一般労働組合青年部）委員長
神部　紅

首都圏青年ユニオンは、全国チェーン展開する喫茶店「CAFFE VELOCE」（カフェ・ベローチェ）千葉店で働く組合員を原告として、本社の株式会社シャノアールを2013年7月に提訴した。シャノアールが、5000人をこえるバイト・パート従業員に対して、改正労働契約法の悪用と、「鮮度が落ちる」という驚くべき理由で不当な雇止めを強行したからだ。

千葉店ではこの6年間で6人も店長が入れ代わったが、それぞれの店舗には社員（店長）がほぼ1人しか配属されず、2年もたたずに配転されていく。そのため、賃金も待遇も低く抑えつけられているバイトやパートが、「売り上げで結果を出すのがキミたちの仕事だ」と、膨大な責任や業務を押し付けられている。

正社員が政策的に減らされ、中核的な業務が雪崩落ちるように非正規に移行、「ブラックバイト」と呼ばれるような非正規バイト・パートの過酷な働き方やトラブルは増加している。

シャノアールでは、ベテランのバイト・パートのなかから「時間帯責任者（時責）」なる〝名ばかり責任者〟を〝任命〟し、新人育成、シフトの管理や調節、不足商品の発注、営業時間内に4回にわたる売上金の計算や、銀行入金、本社への報告も行わせる。備品や店舗で提供する食材の在庫がなくなれば自腹で買いに行かされることもある。雨が降るなどして入客数が少ない日は、売り上げが落ちる。そんな時は現場をまわしている「時責」が、自分と待遇や賃金もさほど変わらないバイトやパートに帰宅を指示することが強要される。有給休暇を認めず、早出出勤や残業代も支払わない。パートの雇用保険の加入は恣意的に行っておらず、週20時間を超えないようにシフトコントロールされていたケースもあった。シャノアールは長年にわたり「バイト・パートに休まれると店舗が回らなくなる」と労働強化をつづけていたのにも関わらず、〝雇用の安定を図る〟という法改正を脱法的に逃れるため「鮮度が落ちるから」と、非道な理由で雇止めを強行した。「（女子）学生アルバイトを中心とした、低コスト・低価格の気軽でライトな雰囲気のカフェ」「定期的に店舗従業員が刷新する体制を構築」するというのが彼らの一方的な〝都合〟だ。

非常勤職員も国家公務員
―行政での経験をもっと活かしたい

国公労連　**中田智子**

「一方的に雇い止めされ、職場を去った人も、残った人も辛い思いをしています」「私は国の仕事が好きです。これまでの経験を活かした、国民のための行政をもっと続けたい」、これは非常勤職員の切実な訴えです。

国家公務の職場では、相次ぐ定員削減などによる要員不足への対応として非常勤職員が採用され、いまでは常勤職員2人に非常勤職員1人の割合にまで増えて、行政運営にはなくてはならない存在となっています。しかしその処遇は各府省任せになっているために、常勤職員との均衡も十分ではなく、非常勤職員同士でも労働条件に格差が生じています。さらに雇用も不安定であり、有期雇用のため、乱暴な雇い止めが後を絶ちません。

例えば、ハローワークでは専門の資格を有する非常勤職員が職業相談や求人開拓など、労働者の雇用確保のための重要な業務を担っており、行政に必要な人材であるにもかかわらず、予算の縮減により、更新することができなくなり、大量の雇い止めがここ数年発生しています。経験と知識を有する非常勤職員の雇い止めは、行政の質の低下に直結します。

また、1日単位の極めて不安定な雇用形態であったものを、私たちのたたかいによって、2010年10月から期間業務職員制度が導入され、一年度を上限とする有期雇用で更新も可能な制度となりましたが、3年を限度としてかたくなに更新を拒む府省が存在するなど、乱暴な雇い止めが依然として横行しています。

13年4月に改正労働契約法によって、有期雇用の上限が5年とされ、それ以降は本人の申し出により期間の定めのない雇用とすることが義務づけられましたが、国家公務員の非常勤職員には適用されていません。

乱暴な雇い止めの防止と雇用の安定、職務と経験にふさわしい処遇の改善は、最も切実な要求となっています。国公労連は、国民のための公務・公共サービスを拡充するためにも、非常勤職員の要求実現にむけてとりくむとともに、すべての非正規労働者の要求実現と表裏一体の課題として全力をあげてたたかいます。

地方自治体の非正規雇用労働者は今

自治労連・非正規公共評事務局長　**松尾泰宏**

「小さな政府」と「競争」がすべてと考える「市場原理主義」によって、国や自治体などの公的な事業・業務の「コスト」削減がはかられ、内部では非正規職員が急増するとともに、様々な分野の事業・業務が「外部化」されて、民間事業者に委ねられています。その結果、公務公共職場は、ワーキングプアを生み出す場となり、同時に地域全体の賃金水準を低下させる原因にもなっています。

地方公務員法は、もともと正規職員配置を基本としており、恒常的な業務に臨時・嘱託・非常勤職員を配置することを想定していません。しかし現実には、総務省の調査（12年4月現在）でも、全国の地方公共団体の臨時・非常勤職員で、任用期間が6ヵ月以上かつ週19時間25分以上勤務の職員が６０３５８２人にのぼることが公表されています。

こうした恒常的な業務に継続的に雇用されている自治体の非正規職員の場合、公務員とされているために、パート労働法や労働契約法が適用除外とされています。現行のパート労働法は不十分とはいえ、正社員とパート労働者の均等待遇、差別的取扱い禁止、正社員への転換の機会などが盛り込まれていますが、正規職員とほぼ同様の仕事であっても、パート労働法が想定する水準すら下まわっています。また、給与・勤務条件について、非正規職員を含めて平等に取り扱うことが原則とされているものの、実際には非正規職員の賃金・労働条件は不当に取り扱われています。

このように、公務員であるという理由から、労働者を保護する法律が適用されず、非正規職員として公務員法制からも守られていないという「法の谷間」におかれた不合理な状況を抱えています。そのため、「雇い止め」に対する保護もなく、賃金の経験加算、一時金や退職金の支給、特別休暇など、働く権利が保障されていません。

いつ雇い止めにあうかわからない不安定ななかで、住民のいのちとくらしを守る重要な仕事に従事している非正規職員が長期的に蓄積した知識・経験を中断させることは、専門性の継続の面からみても住民や自治体にとっても大きな損失です。したがって、公務の質（公共性・総合性・専門性・継続性）を維持向上させるためには、その担い手が誇りをもって長く安心して働き続けることが必要となっています。

Ⅱ　賃金・ボーナス・退職金、交通費、時間外・休日・深夜労働手当をめぐって

◆時給が安い？◆

Q8 大阪で時給750円のパートで働いていますが、これでは生活できず、もっと上げてほしいのですが…。

A 賃金の額を労使の交渉にだけまかせていたのでは、弱い立場にある労働者の賃金が切り下げられる危険があります。そこで、賃金の低い労働者を保護するために、国が賃金の最低額を定めて、使用者がこれを守らなければならないとしています。これが最低賃金法（略称、最賃法）です。現在最低賃金額については次の2種類の最低賃金が、いずれも時間単位で定められています（最賃法3条）。

①**地域別最低賃金**　すべての労働者を対象とし、各都道府県別に定められています（通常10月に改定される）。

地域別最低賃金は、最低労働条件であり、これに違反すると罰則の適用があります（50万円以下の罰金、40条）。

②**特定最低賃金**　特定の産業について、関係する労使の申し出に基づき、①より高い額を定める必要があると認めた産業について、定めるものです（15条）。2014年3月末日現在、製造業や小売業を中心に239件が設定されています。これに違反した場合については、罰則の適用はありません。なお②に該当しない業種は①が適用されます。

最低賃金法

（最低賃金額）

第3条　最低賃金額（最低賃金において定める賃金の額をいう。以下同じ。）は、時間によつて定めるものとする。

（最低賃金の効力）

第4条①使用者は、最低賃金の適用を受ける労働者に対し、その最低賃金額以上の賃金を支払わなければならない。

②最低賃金の適用を受ける労働者と使用者との間の労働契約で最低賃金額に達しない賃金を定めるものは、その部分については無効とする。この場合において、無効となつた部分は、最低賃金と同様の定をしたものとみなす。

最低賃金未満の賃金は無効

最低賃金法は、パート、契約社員、派遣労働者なども含めてすべての労働者に適用があります。最低賃金より低い賃金で働くことを労使で契約しても、それは無効とされ、最低賃金額の定めをしたものとされます（４条２項）。

なお、派遣労働者については、派遣先の事業所の所在地の最低賃金が適用されます。

参考までに２０１４年度の地域別最低賃金の一覧表をかかげておきます。大阪で時給７５０円は、地域別最低賃金（２０１４年10月現在８３８円）に違反しています。あなたは、使用者に対し、最低賃金どおりの賃金を支払うよう求めることができます。応じてくれないならば、労働基準監督署に申告するとよいでしょう。

地域別最低賃金

（2014年改定）【単位：円】

都道府県名	最低賃金時間額
北海道	748
青森	679
岩手	678
宮城	710
秋田	679
山形	680
福島	689
茨城	729
栃木	733
群馬	721
埼玉	802
千葉	798
東京	888
神奈川	887
新潟	715
富山	728
石川	718
福井	716
山梨	721
長野	728
岐阜	738
静岡	765
愛知	800
三重	753
滋賀	746
京都	789
大阪	838
兵庫	776
奈良	724
和歌山	715
鳥取	677
島根	679
岡山	719
広島	750
山口	715
徳島	679
香川	702
愛媛	680
高知	677
福岡	727
佐賀	678
長崎	677
熊本	677
大分	677
宮崎	677
鹿児島	678
沖縄	677
全国加重平均額	780

日本の最低賃金の問題点

日本も批准しているILO131号「最低賃金決定条約」（1970年採択、日本は1971年に批准）では、最低賃金の決定は権限ある機関が関係のある代表的労使団体と合意または十分に協議して行うものとし、「労働者と家族の必要であって国内の一般的賃金水準、生計費、社会保障給付及び他の社会的集団の相対的生活水準を考慮したもの」としています。世界の大半は「全国一律最低賃金制」で、日本の「地域別最低賃金制」のように複数の最低賃金制は、その本質をゆがめるものです。日本でも最低時給1000円の全国一律最低賃金制を求める運動がひろがっています。

◆有期契約社員とパート労働者の待遇の原則◆

Q9

「契約社員だから」とか、「パートだから」賃金が安いのが当たり前にという雰囲気があります。でも、仕事が同じなら労働時間に比例して賃金が支払われるのが当たり前ではないでしょうか。あまりにもバランスを欠くので、納得がいきません。日本では、契約社員やパートの待遇について、どうなっているのでしょうか。

A

パートや契約社員の賃金、昇給、賞与、福利厚生など個々の労働条件を考えるまえに、あなたの言われるルールについて考えてみましょう。

同一（価値）労働同一賃金の原則

「仕事が同じなら同じ賃金を」というのは、「同一労働同一賃金の原則」といいます。たとえば、正社員が1日8時間働いて8000円の給与が支払われる場合、同じ仕事をしている1日4時間働くパートに4000円支払われるのであれば、このルールにあっています（「比例の原則」といいます）。また、仕事が異なっても同じ価値と評価できるならば同じ賃金をというルールを、「同一価値労働同一賃金の原則」といいます。たとえば、看護師と放射線技師は、仕事は異なりますが、求められる能力や訓練、心身の負担などを考えたときに、同一価値労働と考えられないかという問題です。

同一価値労働同一賃金の原則は、現在では、国際的な労働基準として、条約にも規定されています。各国はそのルールを国内で実行していくために、国内法を整備するなどの取り組みをしています。

世界各国の最低賃金の水準比較

（単位：円）

日　本（全国加重平均）	780		
イギリス（21歳以上）	964	ドイツ（2015年全国一律最賃）*	1,186
（18～20歳）	761	スペイン	730
アイルランド（18歳以上）	1,002	オーストラリア	1,218
オランダ（23歳以上）	1,084	ニュージーランド（18歳以上）	1,049
ベルギー（22歳以上）	1,246	カナダ（オンタリオ州）	944
ルクセンブルグ	1,317	アメリカ（全国）	790
フランス	1,214	大統領公約（2015年）*	1,101

（2014年現在〈＊以外〉。月間150時間労働として、OECD 購買力平価換算）

資料：「2015年国民春闘白書」（全労連・労働総研 編）より

日本が批准している条約

日本も、次の条約を批准しています。

・ＩＬＯ１００号「同一価値の労働についての男女労働者に対する同一報酬に関する条約」（１９５１年採択、日本は１９６７年に批准）

・女性差別撤廃条約（１９７９年採択、日本は１９８５年に批准）

11条1　締約国は、男女の平等を基礎として同一の権利、特に次の権利を確保することを目的として、雇用の分野における女子に対する差別を撤廃するためのすべての適当な措置をとる。

(d)　同一価値の労働についての同一報酬（手当てを含む。）及び同一待遇についての権利並びに労働の質の評価に関する取扱いの平等についての権利

・経済的、社会的及び文化的権利に関する国際規約（国際人権規約〈Ａ規約〉）（１９６６年採択、日本は１９７９年に批准）

7条　この規約の締約国は、すべての者が公正かつ良好な労働条件を享受する権利を有することを認める。この労働条件は、特に次のものを確保する労働条件とする。

(a)　すべての労働者に最小限度次のものを与える報酬

(i)　公正な賃金及びいかなる差別もない同一価値の労働についての同一報酬。特に、女子については、同一の労働についての同一報酬とともに男子が享受する労働条件に劣らない労働条件が保障されること。

パートや有期雇用労働者の賃金は？

労基法４条は、「使用者は、労働者が女性であることを理由として、賃金について、男性と差

別的取扱をしてはならない」と定めています（「男女同一賃金の原則」といいます）。但し、この原則は、かならずしも同一の仕事でない場合でも適用があります。たとえば、男性は家族手当を支給するが、女性は家族がいても家族手当を支給しないならば、それは仕事に関係なく女性差別として労基法４条に違反します（罰則も定められています。労基法１１９条）。

ただし、労基法４条以外に、同一価値労働同一賃金の原則を直接明記した法律はありませんでした。パートタイム労働契約や有期労働契約等の雇用形態が異なる労働者について、同一価値労働同一賃金の原則をどのように適用するかについて法律の定めがないために、非正規労働者の賃金などの待遇は、正社員と比べて格差が大きく、「働きにみあっていない」という不満は大きく、とうてい納得を得られるものではない状況です。

有期雇用労働者も、パートも不合理な労働条件の相違は許されない

しかし、不合理な差別は許されるものではありません。非正規労働者についても、次のような規定が設けられています。

・有期雇用労働者（労働契約法20条）

２０１３年４月から施行された労契法20条で、同一の使用者と契約して働いている、有期雇用労働者と無期雇用労働者との間で、期間の定めのあることにより不合理に労働条件を相違させることを禁止しています。

・パートタイム労働者の待遇の原則（パートタイム労働法８条）

事業主が、雇用するパートタイム労働者と通常の労働者との間で、待遇を相違するものとする場合は、①職務の内容（業務の内容及び責任の程度）②職務の内容及び配置の変更の範囲③その他の事情を考慮して、不合理なものであってはならないとしています。ここで問題となるのは、「短時間労働者であることを理由とする待遇の相違」です。労働時間以外の全ての待遇が含まれます。

・「通常の労働者と同視すべきパートタイム労働者」に対する差別的取扱いの禁止（パートタイム労働法9条）

雇用関係が終了するまでの全期間において、通常の労働者と比べて、①職務の内容（業務の内容及び責任の程度）と②職務の内容及び配置の変更の範囲が同一と見込まれるものについては、短時間労働者であることを理由として、賃金の決定等全ての待遇について差別的取扱いが禁止されます。

・その他のパートタイム労働者の賃金に対する均衡の原則（10条）

事業主は、通常の労働者との均衡を考慮しつつ、職務の内容、職務の成果、意欲、能力又は、経験等を勘案し、賃金を決定するように努めなければなりません。*

有期雇用のパートタイム労働者の待遇は

パートタイム労働者の多くは、有期で働いています。ですから、その待遇については、「パートだから」「有期だから」といって待遇について相違があることは不合理かどうかが問題になります。それを考える場合には、労契法でも、パートタイム労働法でも、①職務の内容（業務の内容及び責任の程度）と、②職務の内容及び配置の変更の範囲を要素として考えることになります。

ただ、この要素で合理性を考えるならば、契約社員やパートで均等待遇を受ける労働者がどれほど増えるでしょうか。パートや有期雇用労働者にどの程度の責任をもたせるか、パートや有期雇用労働者に配置換えや転勤をさせるのか、は使用者側が決めることです。また、そもそ

＊通達では、「経験等」には勤続年数が考えられること、「職務の内容が同一の通常の労働者の賃金が経験に応じて上昇する決定方法となっているならば、パートタイム労働者についても経験を考慮して賃金決定を行うこととする等」が考えられることとしている。

も主婦パート等多くのパートタイム労働者は、家事との両立のために短時間しか働くことができず、自宅近くや通勤時間の短い勤務場所を選んで働く場合も多いのです。

不合理な相違の禁止のルールは大いに活用していくにしても、やはり業務の内容そのものが同じならば、②を考慮要素とせずパートや有期契約労働者が均等な取扱いを受けることができるように、さらなる改正を目指す必要があると思います。

◆パート・有期雇用社員と賃金・賞与・退職金◆

Q10

4月やボーナス時期は憂鬱です。パートや有期契約社員には定期昇給はなく、賃金はほとんど上がりません。ボーナスも有期契約社員は年2回各10万円。パートにはありません。退職金の支給は正社員だけです。年々仕事はきつくなり、責任も重くなっているのに、パートだからといって、こんなに待遇が違うのは納得がいきません。

A

正社員の人と同じ仕事、あるいは大して違わない労働をしているのに、なんでこんなに低い賃金なのかと悔しい思いをしておられる方がおおぜいおられるでしょう。「パートだから」「有期契約社員だから」という理由で賃金や昇給に極端な格差があるのは、納得いくものではありません。

パートや契約社員の賃金などの待遇についての基本的ルールはQ９で解説していますので、参照して下さい。以下では、個別問題について答えます。

賃金・昇給

ポイントは、正社員の賃金が賃金規定でどのように定められ、また実際にどのように運用さ

れているかです。

たとえば正社員の基本給が年功的に定められているのに、パートや契約社員が長く勤めても昇給しないというのは、不合理です。又、成果主義賃金をとっていても、成果主義による部分は一部で、実際には年功で決まる固定部分がある場合には、それとのバランスが考慮されるべきです。

実際の比較は難しい面もあるかと思いますが、賃上げのためにはパートタイム労働法14条などを活用して自分の賃金がどのような要素（たとえば経験、技術など）で決められてるのか質問したり、あるいは労働組合の要求事項として、まず労使の交渉事項にしていくことからはじめましょう。

ヨーロッパのいくつかの国では、パート労働者の処遇について法律上均等扱いの原則が定められ、賃金についても比例の原則が定められています。たとえば、週5日働く人と週3日働く人では、同じ仕事をしている場合、日給や時給に差はないようにすることが法律で定められているのです。

しかし、日本では、法律にそのような定めはありません。一人ひとりが自ら交渉することは勇気のいることです。やはり共同して、できれば労働組合で交渉して賃上げをかちとっていくのが一番よい方法です。

第Ⅰ部で紹介した丸子警報器の臨時社員28名が実質女性正社員の賃金水準に近い賃金を実現できたのは、労働組合の要求として全体でとりくんだ成果です。

賞与　極端な格差は不合理

パートタイム労働者や契約社員が意欲をもって安心して働くことができるように、賞与や退職金についても、正社員との格差の改善が強く望まれています。

有期雇用労働者については、無期雇用の労働者との相違は「不合理と認められるものであってはならない」と定めています（労契法20条）。正社員（無期労働契約者）には賞与を支給し、「有期契約社員だから」といって一切賞与を支給しないというのは、不合理といえます。賞与は、いろいろな意味で支払われるものですが、労働者にとっては、実質賃金の後払いと受け止めるのが通常です。有期労働契約の労働者にも、その貢献度に応じて支給がなされるべきです。あなたの会社では、正社員にどのような規準で算定された、どれ位の額の賞与が支給されているのでしょうか。契約社員には年2回10万円が支給されているとのことですが、合理性が説明ができないほどの極端な格差がある場合は、不合理といえます。

退職金について

賞与とは異なり、退職金については、そもそも正社員についても制度のない会社などもあり、また制度があっても、企業や団体が様々な制度設計をしていますので、一律にはいえないという難しさがあります。

しかし、退職金制度があれば、労働者は将来に安心感がもてますし、なによりも意欲をもって働くことができます。すくなくとも、従来型の賃金の後払いとしての性格が強い退職金制度をとっている場合には、勤続年数が長くなってもパートや契約社員には一切退職金なしというのは、不合理といえます。勤続年数に応じた正社員とのバランスがとれた退職金制度をもうけるように要求していきましょう。

なお、中小企業については、勤労者退職金共済機構が運営している中小企業退職金共済制度があります。加入する事業主に対しては、国の助成や税制上の優遇等のメリットのある制度ですので、この制度の利用を事業主に求めていくのも有効な方法です。

◆せめて交通費を支払ってほしい◆

Q11 うちの会社では、パートに交通費も支給されていません。パートにもせめて実際にかかった交通費ぐらい支払ってほしいのですが……。

A もっともです。パートタイム労働法では、①Q9で述べた「通常の労働者と同視すべきパートタイム労働者」の場合は、すべての労働条件について差別が禁止され（法9条）均等待遇が定められているので、正社員に通勤手当が支給されていれば、もちろんパートにも通勤手当を支給しなければなりません。

②その他のパートタイム労働者の待遇については、正社員と比べて相違が「不合理と認められるものであってはならない」という原則が定められています（法8条）。

有期労働契約でパートで働く場合には、労契法20条で同じように、有期労働契約であることを理由に労働契約の相違が「不合理なものであってはならない」と定められています。この法律の施行通達では、通勤手当をはじめ、食堂の利用、安全管理等について、「労働条件を相違させることは、職務の内容、当該職務の内容及び配置の変更の範囲その他の事情を考慮して特段の理由がない限り合理的とは認められないと解される」としています。

パートタイム労働指針では、事業主は、パート法9条及び10条に定める以外のパートタイム労働者の退職手当、通勤手当など「職務の内容と密接な関連を有しない手当」についても、通常の労働者との均衡（バランスのとれた待遇）を考慮して定めるよう努力することとしています。

仕事に行くのに必要な交通費が、正社員には支給され、パートタイム労働者には支給されないというのは、均衡を欠きます。交通費が自己負担ということになると、ただでさえ低い賃金が実質的にその分減ります。バランスから言っても交通費は支給されるべきです。

公務の職場でも、おおぜいの非常勤職員が働いています。国や地方公共団体の職員については、すでに「通勤費用相当分を費用弁償として支給してもよい」という通知が出されています。団結して取り組みを強め、交通費の支給を実現させましょう。

◆パートの労働条件がどのように決まったのか知りたい◆

Q12

正社員とパートの労働条件があまりにもちがいます。この格差はやむを得ないものなのか、パートの賃金や諸手当などがどのように決められたのか知りたいのですが……。

A

事業主が講ずべきこととされている措置の内容の説明義務

パートタイム労働法14条を活用しましょう。事業主の説明義務について、以下の定めがあります。

パートタイム労働者を雇い入れたときは、事業主はすみやかに左の④〜⑧までの措置を説明しなければなりません（14条1項）。

パートタイム労働者から説明を求められたときは、①から⑧までの措置について、その労働者について決定するにあたって考慮した事項を説明しなければなりません（14条2項）。

①労働条件に関する文書交付等
②就業規則の作成手続
③パートタイム労働者の待遇の原則

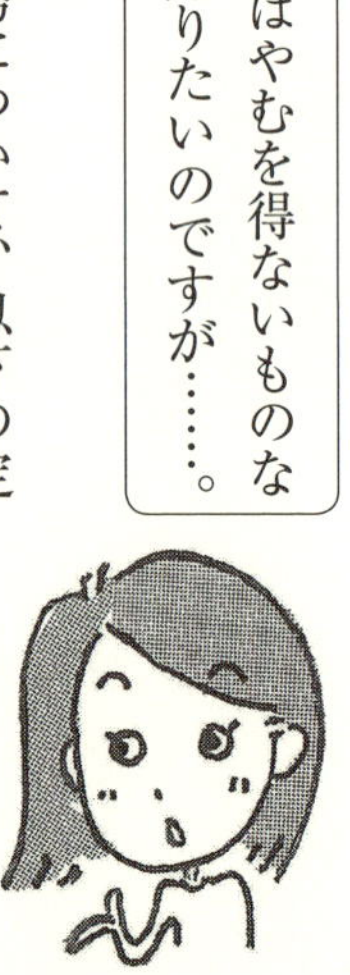

④「通常の労働者と同視すべき労働者」についての待遇の差別的扱い禁止
⑤賃金の決定方法　⑥教育訓練　⑦福利厚生施設
⑧通常の労働者への転換を推進するための措置

説明の程度は

この規定は、パートタイム労働者が自分の待遇について理解して働くことをめざしています。正社員との待遇がなぜこんなに異なるのかなどわからぬまま不満を持っていては、働く意欲がそがれるからです。どのような要素をどのように考え、パートタイム労働者の待遇を決めたのか、中身のある説明が求められています。

たとえば⑤の「賃金」については、パートタイム労働法10条で事業主は均衡（バランスのとれた待遇）を考慮し、「パートタイム労働者の職務の内容、職務の成果、意欲、能力又は経験等を勘案し、その賃金を決定するように努めるものとする」と定めています。

通達では事業主にパートタイム労働者が「納得するまで説明する」ことまで義務付けるものではないが、説明はどのような要素をどのように勘案しているかがわかる中身のあるものでなければならない、としています。たとえば、職務の内容による、能力を重視している等と、説明することになります。説明はこの程度で足りるとされているので、労働者として納得がいかなければ、苦情処理の申立など、次の方法を考えることが必要です。

説明を求めた労働者を不利益に扱うことは禁止

パートタイム労働者から説明を求められたときの事業主の説明義務については、２００８年４月施行の改正法で導入されたのですが、期待したほど活用されていないのも、身分が不安定な労働者が事業主に説明を求めること自体、大きな勇気のいることだからでしょう。

指針では、労働者がこの説明を求めたことを理由として不利益な取扱いをしてはならないとしています。*1 労使対等の交渉を実現していく第一歩としてこの制度をもっと活用してみましょう。

労働組合で団体交渉（団交）を求める

事業主の説明に納得がいかない場合、労働者が実際に処遇を改善させるには、やはり労働者が団結して事業主と交渉することが効果があります。パートタイム労働者が労働組合に加入していれば、労働組合がパートの処遇改善を要求して、団体交渉を求めることができます。

使用者は団体交渉を求められたら、誠実に行う義務があり、使用者が誠実に交渉しなければ、労組法7条2号の団交拒否とみなされ、不当労働行為になります。*2

パートタイム労働法14条に基づき個別の労働者に説明したからという理由で団交に応じないことも、団交拒否になります。

◆パートは残業代を請求できるか、その計算の仕方◆

Q13

24時間スーパーで「午前9時〜午後4時（休憩1時間）」の契約で週5日働いていますが、ときどき残業させられます。残業した時の賃金は割増になりますか。残業手当の計算方法を教えてください。

A

パートで働く方の多くは、仕事と家事を両立させたい、あるいは健康上の理由等でパートという働き方を選んでいます。それなのに、ときどき残業をしなければならな

*1 **パートタイム労働指針** 第3、3⑵ 事業主は、短時間労働者が、短時間労働者法第13条に定める待遇の決定に当たって考慮した事項の説明を求めたことを理由として不利益な取扱いをしないようにするものとする。

*2 不当労働行為についてはQ29を参照。

エス・ウント・エー事件判決（東京地裁 平9・10・27）

団交で使用者が合理性に疑いがある回答を繰り返すだけで十分な説明をしなかったことを「団交拒否」に該当する不当労働行為として認めた。

いということで困っていませんか。

使用者は、労働時間や労働日を決めるときはその労働者の家庭の事情を考慮し、できる限りはじめの約束の曜日（所定労働日）や約束の時間（所定労働時間）以外に残業をさせないようにするべきです。残業があるのであれば、会社は契約のときにいうべきです。働く側も、残業できなければ、それをはっきりといいましょう。

さて、ご質問に答える前に、労働時間について基礎的なことを理解しましょう。

労働時間についての基礎的理解

・**所定労働時間**　定められた始業時刻から終業時刻までの職場に拘束される時間で、休憩時間を除いた時間のことをいいます。

・**法定労働時間**　1997年4月から、原則としてすべての事業所で週40時間、1日8時間を超えてはなりません（労基法32条）。

・**法定労働時間を超える労働**　法定労働時間を超えて残業させる（「法定外残業」といいます）には、残業についての労使協定（三六協定）を結んで労働基準監督署に届け出なければなりません（労基法36条）。

残業の割増賃金

所定労働時間を超えて労働させる場合、割増賃金を支払わなければならないのは、法定労働時間を超える場合です（労基法37条）。つまり、週40時間・1日8時間を超えた時間については、通常の賃金の2割5分以上の割増賃金を支払わなければなりません。さらに、1か月60時間を超える時間外労働については、50％

所定労働時間が法定労働時間より短いケースの時間外労働の取扱い

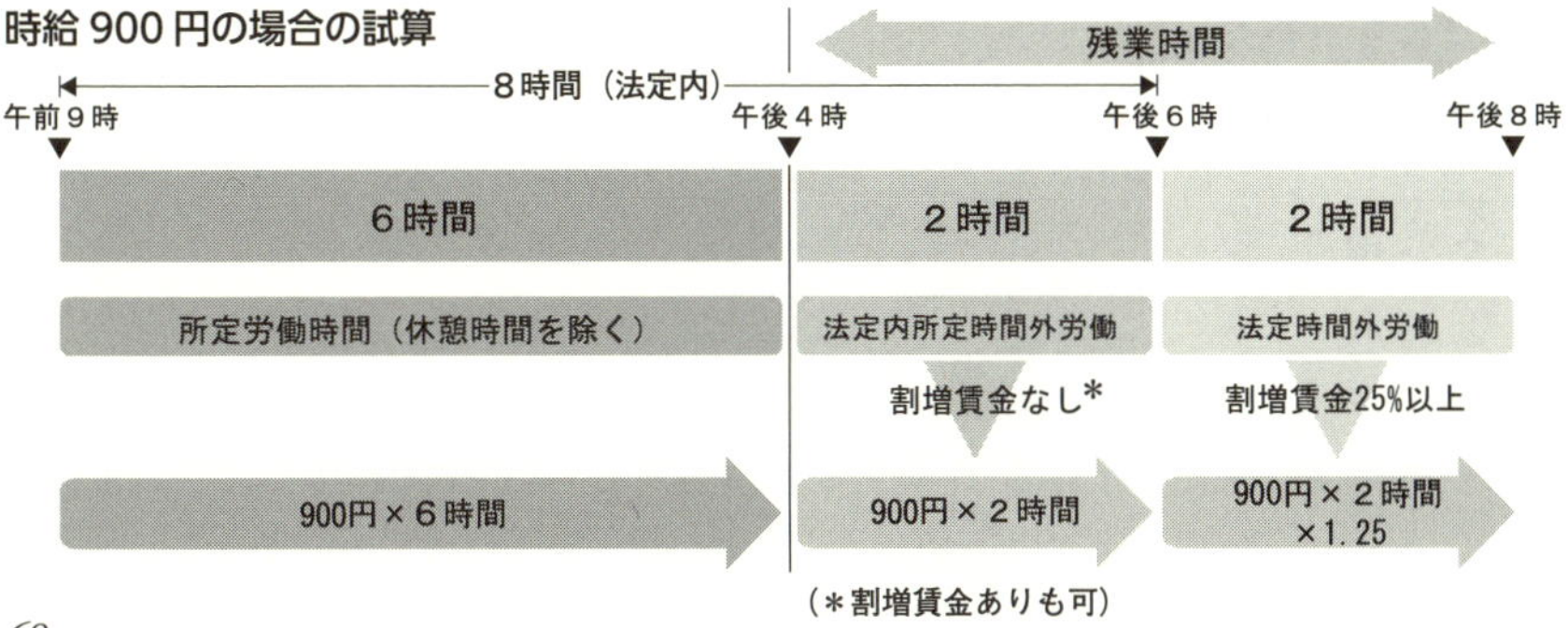

以上の割増賃金の支払いが義務づけられています（2010年4月1日から施行。労基法37条1項ただし書）。但し、たとえば所定労働時間が1日6時間で、それを超えて2時間残業したということならば、その残業代として割増賃金にするかどうかは労使の話し合いで決めることで、法律上の定めはありません（前頁の図）。

法定休日（休日は原則として、最低1週間に1日が与えられなければならないことになっています。労基法35条）に労働させる場合には3割5分以上、深夜労働（午後10時から午前5時まで）の場合には2割5分以上の、割増賃金を支払わなければなりません（労基法37条3項）。

深夜業が時間外労働と重なった場合の割増率は5割以上、休日労働と重なった場合は6割以上の割増率となります。

◆子どもが寝てから働きたい―賃金は？

Q14 夜間に働くと賃金が高いと聞いたので、子どもが寝た後の夜間にパートで働くことを考えていますが、深夜労働の賃金はどう決まるのですか。

A 最近は、保育所に子どもを預ける保育料の負担を考えて、昼間働くのではなく、深夜子どもを寝かせてから働くという人も増えています。子どもの面倒をみる家族がいない場合に、子どもの安全が心配ですが、経済的に困窮していればそんなことも言っていられないという状況なのでしょう。

Q13で述べたとおり、深夜に労働した場合は、割増賃金が支払われます（労基法37条4項）。

しかし、24時間営業のコンビニやファーストフードのお店のパート募集の広告でも、昼間のパートに比較して、時給が50円ないし100円程度しか高くない状況はよく見かけます。深夜

労働基準法
第34条　①使用者は、労働時間が6時間を超える場合においては少くとも45分、8時間を超える場合においては

業は「昼間働き夜は眠る」という人間の生態リズムに反し、また社会生活上も支障があり、心身の負担が大きいものです。昼間のパート時給より少なくとも25％以上高くなければなりません。深夜業の時給は、その分が含まれている時給でなければなりません。

◆休憩が欲しい◆

Q15

午前9時から午後4時まで事務パートで働いています。昼休みは45分ですが、電話がかかってくるため、弁当持参で食事をしながら電話を受けています。これで休憩と言えるのでしょうか。

また、会社は夕方から店舗を開いており、パートのAさんたち3名が午後4時から午後9時まで休憩なしで、夕食もとらずに働いています。このような短時間パートには休憩を与えなくてよいのでしょうか。

A

休憩については、1日の労働時間が6時間をこえる場合は45分以上、8時間をこえる場合は1時間以上の休憩時間を労働時間の途中に与えなければなりません（労基法34条1項）。休憩時間は、労働者が休息のために労働から完全に解放されることが保障されている時間で、使用者は、「休憩時間を一斉に与えなければならない」と定め（同条2項）、また「休憩時間を自由に利用させなければならない」と定めています（同条3項）。ですから、休憩時間の外出も原則として自由です。

来客の対応や電話の当番は、その数がそんなに多くなくても、あなたはいつでも対応できるように待機し、その場を離れることができず、拘束されています。このような「手待時間」は労働時間に当たります。

少くとも1時間の休憩時間を労働時間の途中に与えなければならない。

②前項の休憩時間は、一斉に与えなければならない。ただし、当該事業場に、労働者の過半数で組織する労働組合がある場合においてはその労働組合、労働者の過半数で組織する労働組合がない場合においては労働者の過半数を代表する者との書面による協定があるときは、この限りでない。

③使用者は、第一項の休憩時間を自由に利用させなければならない。

※休憩時間一斉付与の例外について

休憩は、原則として一斉に付与されなければなりません。ただし以下2つの例外が認めらあなたの1日の労働時間は6時間15分ですから45分の休憩時間は表面上は労基法に違反していませんが、実際に休憩時間を与えていないという点で、労基法に違反しています。

昼休みは留守電装置をとりつけてそれを利用するか、あるいは交代で当番するなどの解決方法があるでしょう。なお、電話が多いか少ないかに関係なく、当番がいなければならない時間は労働時間となりますので、賃金の請求ができます。ただし、かりに賃金が支払われたとしても、休憩時間がなくては労基法違反となりますので、上司と話し合うなどして、休憩時間を実際に取れるようにしてもらいましょう。

短時間パートの休憩

Aさんのように、1日の労働時間が6時間以下の場合については、休憩なしでも労基法違反にはなりません。もちろん労基法で定める基準は最低のものですから、労使で話し合って、これよりよい基準をもうけることは望ましいことです。夕方からの勤務は身体にもきついでしょう。短時間でも交替で休憩が取れるようになるとよいのですが、Aさんたちに状況を聞いてみましょう。

◆有給休暇◆

Q16

1日5時間・週5日のパートで働いて3年になります。家庭の都合で休むと欠勤になり、給料がカットされます。パートには有給休暇はないのでしょうか。

A

パートには有給休暇がないと思っておられる方がけっこう多いようです。でも、パートも立派な労働者。労基法では、週1日働くパートでも、有給休暇が認められてい

れています。

・労使協定による例外
労使協定によって法適用の除外ができるが、この労使協定では、次の2項目について定める必要がある。
1、一斉に休憩を与えない労働者の範囲
2、1の労働者に対する休憩の与え方

・一斉に休憩を与えなくてよい事業
以下の事業では性質上一斉に与えなくてもよいとされる。
1運輸交通業／2商業／3金融広告業／4映画・演劇業／5通信業／6保健衛生業／7接客娯楽業／8官公署／9農・水産業／10監督・管理者／11機密の事務を取扱う者／12所轄労働基準監督署長の許可を得て行う監視・継続労働

ます。

有給休暇が認められる要件と日数は次の通りです。あなたの場合は、週5日、25時間働いて3年になるというのですから、12日の有給休暇が認められます。

有給休暇が認められる要件（労基法39条1項）

①雇入れの日から起算して6か月以上継続して勤務していること。

②全労働日の8割以上出勤していること。

なお出勤率を計算するにあたっては、労災で休業した期間、育児・介護休業法による育児・介護休業期間、産前産後休業期間は、出勤したものとみなされます（同39条8項）。

付与される有給休暇の日数

付与される日数は1年間につき、下段の表のとおりです。

①パートについても週労働時間が30時間以上、週5日以上勤務の場合は、一般労働者と同じ日数です（労基法39条1項、2項）。

①所定労働時間が30時間未満で週労働日数が4日以下の場合は、通常の労働者の所定労働日数との比率に応じて「比例付与」されます（労基法39条3項、同施行規則24条の3）。たとえば、週1日勤務のパートは、6か月すぎれば1日。週3日勤務で働いて5年6か月すぎたパートは、10日の有給休暇が保障されています。

（なお、これらはあくまで最低限であり、さらに多くすることも法律は禁じて

パートタイム労働者の年次有給休暇の付与日数（労基法第39条）

週所定労働時間	週所定労働日数	1年間の所定労働日数（週以外の期間によって労働日数が定められている場合）	雇入れの日から起算した継続勤務期間の区分に応ずる年次有給休暇の日数 6か月	1年6か月	2年6か月	3年6か月	4年6か月	5年6か月	6年6か月以上
30時間以上			10日	11日	12日	14日	16日	18日	20日
30時間未満	5日以上	217日以上							
	4日	169日～216日	7日	8日	9日	10日	12日	13日	15日
	3日	121日～168日	5日	6日		8日	9日	10日	11日
	2日	73日～120日	3日	4日		5日	6日		7日
	1日	48日～ 72日	1日	2日			3日		

いませんので、労使で話し合うことは望ましいことです。）

有給休暇は、労働者が健康で働き続けるために大切な権利です。パートタイム労働者も有給休暇の権利があることを知って、きちんと取れるようにしたいものです。

◆パート等の慶弔休暇◆

Q17 パートや有期契約社員は給食施設や更衣室の利用は認められていますが、慶弔休暇がありません。せめて、親が亡くなったときくらい、なんとかならないものでしょうか。

A 慶事や弔事は、業務とは関連なく、誰にでも起こることです。非正規社員にも慶弔休暇、とくに忌引きの有給休暇を認めて欲しいという強い要求があります。

パート労働者については、「通常の労働者と同視すべきパートタイム労働者」に対しては、差別的取扱いが禁止されているので慶弔休暇を認めなければなりません（パート法9条）。しかし、その他のパートタイム労働者については、福利厚生施設について、その就業の実態や通常の労働者との均衡などを考慮した取扱いをするよう努めるものとする、としています*（法12条）。

有期契約労働者については、同一の使用者と労働契約を締結している無期労働契約の社員（正社員）と比較して、「期間の定めがある」からと言って不合理に労働条件を相違させることは禁止されています（労契法20条）。労働条件の相違が不合理かどうかは第I部19～20ページで解説されているとおり ①労働者が従事している業務の内容と責任の程度 ②当該職務の内容及び配置の変更の範囲 ③その他の事情で決まります。

しかし、慶弔休暇は、もともと労働者の仕事や配転などの人事とは関連性がないことで、要は福利厚生として平等な扱いをするかどうかの問題です。パートタイム労働法に関連する通達

＊パートタイム労働者に対して利用の機会を与えるように配慮しなければならない福利厚生施設（パートタイム労働法12条）
① 給食施設
② 休憩室
③ 更衣室（施行規則５条）

では、慶弔休暇の付与等も均衡を考慮した配慮に努めるべきものとしています。労働組合などが、パートタイム労働者の要求を取り上げ、使用者とねばり強く交渉していくことが重要です。

◆パートや有期契約社員の健康診断◆

Q18 社員は年に一度健康診断がありますが、パートや有期労働者も健康診断が受けられるよう会社に要求できますか。

A パート等にも一般の労働者と同じように**労働安全衛生法**66条に定められている健康診断を実施しなければなりません。具体的には次のとおりです。

①雇い入れ時及び定期健康診断

「常時使用するパートタイム労働者」*に対し、雇い入れの際、及び1年以内ごとに1回、定期に行う健康診断。

②深夜業などに常時従事する労働者に対する健康診断

深夜業を含む業務等の特定業務へ常時従事するパートタイム労働者に対し、配置換えの際および6月以内ごとに1回、定期的に行う健康診断。

③特殊健康診断

一定の有害な業務に常時従事するパートタイム労働者に対し、雇入れまたはその業務に配置換えの際およびその後定期的に行う特別の項目についての健康診断。

④異常所見があると診断された場合

健康診断の結果、異常所見があると診断された場合には、事業主は事後措置について医

＊常時使用するパートタイム労働者とは次の２つの要件を満たす者である。

⑴　期間の定めのない労働契約により使用される者であること。
　有期労働契約で働いている場合でも
　①　契約期間が１年以上である者
　②　契約更新により１年以上使用されることが予定されている者
　③　１年以上引き続き使用されている者は含まれる。

⑵　１週間の所定労働時間がその事業場において同種の業務に従事する通常の労働者の１週間の所定労働時間数の４分の３以上であること。

師または歯科医師の意見を聴き、適切な措置をしなければなりません（労働安全衛生法66条の4、5）。

生きいきと働くためには、健康であることが第一の条件です。健康診断はかならず受けるようにしましょう。

◆教育訓練◆

Q19

私はA社の会計課で伝票をPC（パソコン）で打ち込む作業をしてきましたが、最近単なるPC作業ではなく、貸借対照表などの作成まで指示されるようになりました。課の正社員は簿記の資格を持っていますが、私は簿記の知識はなく、教育を受けたいのですが、パートでは駄目でしょうか。

A

「仕事のために能力や知識を身につけたい」、「キャリアアップして、もう少し賃金のよい仕事につきたい」という意欲的なパートはたくさんいます。

パートタイム労働者の教育訓練について、パートタイム労働法は次のように定めています。
①「通常の労働者と同視すべきパートタイム労働者」の教育での差別的取扱いは禁止（9条）
②職務内容同一パートタイム労働者 ― 職務の遂行に必要な能力を身につけさせるための教育訓練の実施義務（11条1項）
③すべてのパートタイム労働者　キャリアアップの訓練などは事業主の努力義務
②以外の訓練、たとえば職種転換のためのキャリアアップ訓練などについては、職務の内容の違いの有無にかかわらず、「通常の労働者との均衡を考慮しつつ」実施することが事業主の努力義務（11条2項）

あなたのように、パートタイム労働者と通常の労働者の職務内容が同じ場合、その職務を遂行するために必要な教育訓練を正社員に実施しているのであれば、既にパートタイム労働者が必要な能力を身につけている場合を除き、そのパートタイム労働者にも同様に実施することが義務づけられています（11条1項）。

あなたのように財務諸表の作成にかかわるようになれば、基礎的な簿記の知識は必要でしょう。同じ課の簿記の資格をもっている正社員に、会社で訓練されたのかあるいは会社の費用負担で他で学んだのか聞いてみましょう。会社が会計課の正社員のために簿記の能力が身につくよう教育訓練しているのであれば、会社はあなたに同じように教育訓練の機会を与えなければなりません。

特に注意しなければならないのは、パートタイム労働者は正社員より労働時間が短いため、正社員が訓練を受けている時間に参加できない場合があります。そのようなときは、たとえば、パートタイム労働者の労働時間に受講できる外部での講習を受けられるようにするなど、会社に工夫するよう求めていきましょう。

Q20 職場では、パートの人は妊娠するとやめていきます。働きたいのに、泣く泣くやめていく人もいます。パートにも母性保護の権利などはあると思うのですが。

A パートタイム労働者にももちろん、労基法や男女雇用機会均等法（以下、「均等法」という）が適用され、各種の母性保護規定が適用されます。妊娠から出産、育児まで次のような権利が定められています。

①母性機能に有害な業務への就業禁止

母性機能を保護するため、「使用者は、妊娠中の女性及び産後一年を経過しない女性（以下「妊産婦」という。）を、重量物を取り扱う業務、有害ガスを発散する場所における業務その他妊産婦の妊娠・出産・哺育等に有害な業務に就かせてはならない」（労基法64条の3①項）と定められています。

②妊娠中の女性の軽易な業務への転換

妊娠中の女性が請求した場合、使用者は他の軽易な業務に転換させなければなりません（労基法65条3項）。業務内容の転換だけでなく、たとえば早番を遅番にするなど労働時間帯の変更を求めることもできます。

③妊娠中および出産後の母性健康管理のための措置 ― 男女雇用機会均等法による通院休暇・通勤緩和、妊娠障害休暇

事業主は、妊娠中や出産後の女性がきちんと健康管理ができるよう、母子保健法に定める保健指導または健康診査を受けるために必要な時間を確保できるようにしなければなりません（均等法12条）。そして、女性労働者がこれにもとづく指導事項を守ることができるようにするため

に、事業主は、勤務時間の変更、勤務の軽減など必要な措置を講じなければなりません（13条）。具体的には、通院休暇、妊娠中の通勤緩和、妊娠中の休憩、妊娠中又は出産後の症状等に対応した作業の制限、勤務時間の短縮、妊娠障害休暇等の措置などです。均等法は、女性労働者の婚姻、妊娠、出産、産前産後休業の権利行使を理由とする解雇その他の不利益取扱いを禁止しています（9条）。

④産前産後休業

出産予定の女性は、出産予定日の6週間前（双子などの多胎妊娠の場合14週間前）から産前休業を請求できます。また、出産の翌日から8週間の休業が定められています。ただし、産後6週間を経過した女性が請求した場合は、医師が健康に支障がないと認めた業務につかせることは差しつかえありません（労基法65条1、2項）。

産前産後の休業期間およびその後の30日間は、その女性労働者を解雇することは禁止されています（労基法19条1項）。また、産前産後休業期間は、年次有給休暇の要件である「8割をこえる出勤率」かどうかを計算するときには、出勤したものとみなされて計算されます（同法39条①②⑧項）。

⑤妊産婦の変形労働時間制、時間外・休日労働、深夜業の制限

妊産婦が請求した場合には、変形労働時間制、時間外・休日労働、深夜業の就業が制限されます（労基法66条）。

これらの権利は原則、パートタイム労働者にも保障されています。実際に、パートタイム労働者が子どもを産んでも働き続けられるようにしていきたいものです。

◆パートや契約社員の育児休業・介護休業・看護休暇◆

Q21

契約社員として更新を繰り返し、5年働いています。親が倒れ、介護が必要になりました。ずっと働きたいのですが、2歳の子がいます。パートや有期雇用でも育児・介護休業法の介護休業や育児休業、介護休暇・子どもの看護休暇などはとれるでしょうか。

A

女性差別撤廃条約でも確認されているように、「子育ては男女と社会の責任」というのが原則です。日本では第一子出産後の女性の約6割が離職している厳しい実情にありますが、育児・介護休業法の制定・改正によって、男女労働者が家族的責任を果たしながら働き続けられるように、制度が整備されてきています。

①育児・介護休業法による育児・介護のための両立支援制度

女性差別撤廃条約とＩＬＯ１５６号「家族的責任条約」に基づき１９９１年に育児休業法として制定され、その後の改正により介護休業も法制度化されて、育児・介護休業法となりました。現在では、全ての事業所に適用されています。育児と仕事、介護と仕事の両立をはかるために、さまざまな制度が法律で定められています（別表）。

②育児時間

生後1歳未満の子どもを育てる女性は、請求すれば休憩時間のほかに、1日2回それぞれ少なくとも30分の育児時間を取ることができます（労基法67条）。1日の労働時間が4時間以内のパートの女性は1日1回少なくとも30分でよいとされています。育児時間は、勤務時間の始めまたは終わりでもよく、

労働時間が長いため育児ができない

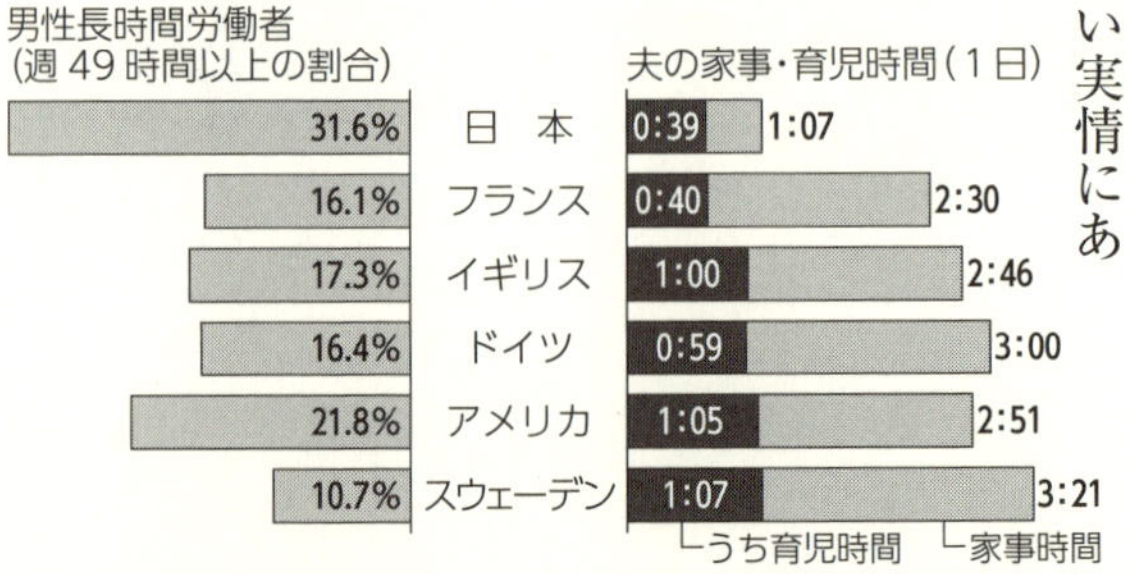

注1　右は6歳児未満の子をもつ男性の家事・育児時間（1日あたり）。
注2　日本の数値は、「夫婦と子供の世帯」に限定した時間である。
資料：『男女共同参画白書』2013年、ILOデータベース

育児のための両立支援制度（育児・介護休業法）

子が１歳未満の労働者が利用できる制度

1 **育児休業**（５条～９条の２）
労働者は、事業主に申し出ることにより、子の１歳の誕生日の前日まで、原則１回に限り、育児休業をすることができる。
育児休業の特例　「パパ・ママ育休プラス」の場合１歳２ヶ月まで育児休業を延長できる。
１歳６ヶ月までの育児休業の延長　保育園に入れないなど一定の要件を満たす場合。

子が３歳未満の労働者が利用できる制度

2 **短時間勤務制度**（所定労働時間の短縮）（23条１項、２項）
１日の所定労働時間を原則として６時間（５時間45分から６時間まで）とする措置を含むこと。

3 **所定外労働の制限**（16条の８）
労働者が申し出た場合に、事業主は、所定労働時間を超える労働をさせてはならない。

子が小学校就学前の労働者が利用できる制度

4 **子の看護休暇**（16条の３）
労働者が事業主に申し出ることにより、小学校就学前までの子が１人であれば年に５日まで、２人以上であれば年に10日まで、１日単位で休暇を取得することができる。病気やけがをした子の看護を行うためや、子に予防接種又は健康診断を受けさせるために利用することができる。

5 **法定時間外労働の制限**（17条）
労働者が申し出た場合には、事業主は、１か月24時間、１年150時間を超える時間外労働をさせてはならない。

6 **深夜業の制限**（19条）
労働者が申し出た場合には、事業主は、深夜（午後10時から午前５時まで）において労働させてはならない。

7 **その他の両立支援措置**（努力義務）24条１項（略）

介護のための両立支援制度（育児・介護休業法）

1 **介護休業**（11条～15条）
労働者は、事業主に申し出ることにより、対象家族１人につき、要介護状態に至るごとに１回、通算して93日まで、介護休業をすることができる。

2 **介護のための短時間勤務制度等の措置**（23条３項）
事業主は上記措置として、以下のいずれかを講じなければならない。
①短時間勤務制度
②フレックスタイム制度
③始業・終業時刻の繰上げ・繰り下げ
④介護サービスを利用する場合の費用助成等

3 **介護休暇**（16条の５、16条の６）
労働者は、事業主に申し出ることにより、対象家族１人であれば年に５日、２人以上であれば年に10日まで、１日単位で休暇を取得することができる。

4 **法定時間外労働の制限**（18条）　育児の場合に準ずる。

5 **深夜業の制限**（20条）　育児の場合に準ずる。

弁護士今野久子作成

※厚生労働省のホームページ等にその他の役に立つ情報があります。

また、1日に1回60分にまとめてとってもよいとされています。ただし、有給か無給かは法律に定めがないので、労働契約や就業規則等によります。

パートや有期雇用労働者は、育児休業等できるか

これらの両立支援策は、パートや有期雇用労働者は利用できるのでしょうか。以前は、日々雇用者と同様に、期間を定めて雇用される有期雇用労働者は対象外とされていましたが、その後の法改正で、厳しい条件ですが、有期雇用労働者にも認められるようになりました。

① 形式的に期間を定めていても、実質的に期間の定めのない労働契約の状態になっている場合

この場合は、厳しい条件とは関係なく、育児休業や介護休業の権利があります。

② 一定の条件を備えた有期雇用労働者には、育児休業や介護休業が認められています。

たとえば、子が1歳に達するまでの育児休業は、下記の条件で認められています。

労使協定による適用除外に注意

労使協定（事業所の過半数で組織する労働組合があるときはその労働組合、ないときは、その労働者の過半数を代表する者と事業主による協定）で定めれば、一定の労働者を適用対象外とすることができることになっています（育児・介護休業法6条1項）。

たとえば、雇用されてから1年未満の者や、1週間の所定労働日数が2日以下の労働者について、労使協定で育児休業や介護休業の対象外とすることが、可能です。つまり、この協定があれば育児休業や介護休業が認められないのです。労使協定があるかどうか、あればその内容を確認する必要があります。

※子が１歳に達するまでの育児休業（育児・介護休業法５条１項）

申出時点で、次のいずれにも該当する期間雇用者は、育児休業をすることができます。

① 同一の事業主に引き続き１年以上雇用されていること

② 子の１歳の誕生日以降も引き続き雇用されることが見込まれること

③ 子の２歳の誕生日の前々日までに、労働契約期間が満了しており、かつ、契約が更新されないことが明らかでないこと

格差の是正は子供たちのいのちのため

札幌保育労働組合執行委員　**守屋幸恵**

　私たちは札幌保育労組つくしの子分会です。私たちの保育所では、正規職員、臨時職員、パート職員が働いています。保育士として働く私たちは、雇用形態の違いにかかわらず、子どもの育ちを保障していくために、責任をもってこの仕事に携わっています。しかし、同じ仕事内容でも、正規職員と臨時職員とでは、賃金や待遇に大きな格差があります。

　分会では、正規職員と臨時職員との格差をなくし、より良い環境でずっと働き続けられる職場づくりを目指し、理事会への要求書提出を継続して行ってきました。以下の項目は要求が実現したものです。

《2008春闘》　4月1日より、月給制臨時職員2名に対し、特殊業務手当と調整手当を支給。

《08秋闘》　08年10月より、時給制臨時職員の時給を740円から、780円に引き上げ。月給制臨時職員に対し当年度に限り一律2万円の寒冷地手当を支給。

《09春闘》　月給制臨時職員に対して、稼働日数が概ね20日をかなり割り込むと判断される5月、10月には各月1万円を、2010年1月には2万5千円を休日調整手当として支給。

《09秋闘》　常勤臨時職員に対して、単身で生計を営んでいる者には3万5千円を、その他の職員には2万5千円の寒冷地手当を支給。

《2010春闘》　休憩時間を除き実働7時間、土曜日は休憩なしの5時間という勤務時間に同意できる時給制臨時職員は月給制とし、調整手当及び特殊業務手当を支給。10年度常勤臨時職員の月給を13万400円とし調整手当及び特殊業務手当を支給、時給制臨時職員に対し常勤臨時職員と同様に夏季休暇1日を保障。

《10秋闘》　単身で生計を営む臨時職員に対し4万円、その他の者については2万5千円の寒冷地手当を支給。

《11秋闘》　臨時職員に前年同様の寒冷地手当を支給。

《12春闘》　単身生計の臨時職員、家族を扶養している臨時職員に対して、月額5000円の住宅手当を支給。前年同様、5000円の被服手当を支給。

　このように、数々の要求を実現してきた私たちですが、これで正規職員と臨時職員との格差がなくなったとは全く思っていません。全ての職員が保育士と言う仕事に誇りをもち、働き続けられる職場づくりをこれからも続けていきたいと思っています。

Ⅲ　社会保険・雇用保険・労災保険、パート所得と税制等

◆パートの社会保険◆

Q22　1日7時間、週5日、「社会保険完備」という条件で、パートとして働きはじめましたが、パートは会社の健康保険や厚生年金に入れるのでしょうか。

A　「社会保険」という言い方は、健康保険、厚生年金保険のみをさして使われる場合と、雇用保険、労災保険を加えて使われる場合があります。募集のとき「社会保険は完備しています」といわれたら、４つの保険全部が完備しているかどうかを確かめましょう。

雇用保険のくわしい説明は「Ｑ23」を、労災保険のくわしい説明は「Ｑ24」をみてください。

健康保険と厚生年金はセットで加入

健康保険は、労働者が業務以外の事由で負傷したり病気などになったとき、あるいは家族が病気などになったときに給付を行う制度です。

厚生年金は、労働者が年をとって働けなくなった場合、病気やケガで働く能力が低下して障害者となった場合、あるいは死亡した場合に、本人や遺族に給付がされます。

健康保険と厚生年金保険は、適用事業所に使用される者が被保険者となります。原則として、①常時5人以上の従業員を雇用する個人の事業所、及び②国、地方公共団体又は法人（会社等）の事業所は従業員が常時1人でもいればすべて、健康保険と厚生年金保険に加入しなければなりません（「強制適用事業所」といいます）。

パートタイム労働者が健康保険・厚生年金保険の対象（被保険者）としてとりあつかわれるかどうかは、常用的な使用関係にあるかどうかで判断されます。その判断基準は、次の①及び②のそれぞれに該当する場合に、原則として被保険者とされます。

①労働日数　1か月の所定労働日数が一般社員のおおむね4分の3以上である場合

②労働時間　1日又は1週の所定労働時間が一般社員のおおむね4分の3以上である場合

健康保険と厚生年金はセット加入で、どちらか一方だけを希望して加入することはできません。さらにくわしいことを知りたい方は、年金事務所などで相談してください。

2016年10月からの適用対象の拡大

2016年10月1日から、①週の所定労働時間が20時間以上、②月額賃金8・8万円以上（年収106万円以上）、③継続して1年以上雇用が見込まれ、④学生以外、⑤従業員501人以上の企業、の条件を全て満たす短時間労働者は、健康保険・厚生年金保険が適用されることとなります（「公的年金制度の財政基盤及び最低保障機能の強化等のための国民年金法等の一部を改正する法律」）

社会保険の種類

区　分	保険給付の内容	保険給付の種類	保険料負担	取扱窓口	管轄官庁
健康保険	業務外の事由による病気・ケガ、死亡、出産等	療養の給付、療養費、傷病手当金、出産育児一時金、出産手当金など	事業主と被保険者	年金事務所 健康保険組合	厚生労働省
厚生年金保険	老齢 障害 死亡	老齢厚生年金 障害厚生年金及び障害手当金 遺族厚生年金	事業主と被保険者	年金事務所	厚生労働省
雇用保険	失業 雇用継続の困難	求職者給付 就職促進給付 雇用継続給付など	事業主と被保険者	ハローワーク	厚生労働省
労災保険	業務上又は通勤による病気・ケガ・障害・死亡	療養（補償）給付 休業（補償）給付 障害（補償）給付 遺族（補償）給付 など	事業主のみ	労働基準監督署	厚生労働省

Q23

自宅近くの店舗でパートで働いていています。雇用保険に入っていないようで、やめなければならなくなった時の生活が不安です。どんな条件があれば雇用保険に加入できるのですか。

A

労働者が失業した場合に、生活を心配しないで再就職活動ができるよう、雇用保険法に基づく一定の要件を満たせば、雇用保険の「基本手当（いわゆる失業給付）」を受けることができます。

雇用保険に入るには

雇用保険の適用事業に雇用される労働者は、次の2つの要件に該当する場合に、原則として、被保険者になります。雇用保険の加入条件は、正社員でもパートでも違いはありません。

①31日以上の雇用見込みがあること

②1週間の所定労働時間が20時間以上であること

事業主は、これに該当する労働者については、事業主や本人の意思に関係なく、被保険者資格取得を、雇い入れた日の属する月の翌月10日までに公共職業安定所（ハローワーク）に届け出なければなりません。ハローワークの長は、被保険者となったことを確認して、「雇用保険被保険者証」と「雇用保険資格取得等確認通知書」を交付します。この通知書が労働者に交付されると、加入した事が確認できます。

失業給付は

雇用保険の「基本手当」は、雇用保険の被保険者が離職して、次の①及び②のいずれにもあてはまる場合に支給されます。

①ハローワークに来所し、求職の申込みを行い、就職しようとする積極的な意思があり、いつでも就職できる能力があるにもかかわらず、本人やハローワークの努力によっても、職業に就くことができない「失業の状態」にあること

②離職の日以前2年間に、「被保険者期間」が通算して12か月以上あること

ただし、倒産・解雇等による離職者（「特定受給資格者」又は「特定理由離職者」）については、離職の日以前1年間に、被保険者期間が通算して6か月以上あれば、給付を受けることができます。

基本手当の所定給付日数は、年齢、雇用保険の被保険者であった期間及び離職理由などによって、90日～360日の間で決定されます。

基本手当の1日当たりの額（基本手当日額）は、離職日の直前の6か月の賃金日額（賞与等は含みません）の50～80％（60～64歳については45～80％）です（上限額あり）。

会社が雇用保険に入っていなかった場合

雇用保険法に定める適用対象者であれば、事業主は雇用保険に加入手続をとらなければなりません。会社が雇用保険加入の手続をとって

失業手当の給付日数

〈会社都合による退職のケース〉

退職時の年齢	雇用保険加入期間（＝被保険者期間）				
	1年未満	1年以上 5年未満	5年以上 10年未満	10年以上 20年未満	20年以上
30歳未満	90日	90日	120日	180日	—
30歳以上35歳未満			180日	210日	240日
35歳以上45歳未満				240日	270日
45歳以上60歳未満		180日	240日	270日	330日
60歳以上65歳未満		150日	180日	210日	240日

〈自己都合による退職のケース〉

	雇用保険加入期間（＝被保険者期間）				
退職時の年齢	1年未満	1年以上 5年未満	5年以上 10年未満	10年以上 20年未満	20年以上
年齢に関係なし	90日			120日	150日

いない場合でも、2年前まで遡って入ることができます。ハローワークに相談してみましょう。雇用保険に加入しているか否かは、ハローワークに問いあわせることもできます。

◆パートの労働災害・労災保険◆

Q24 勤務時間中の配達業務でケガをしました。上司は「あなたの不注意だ」と労働災害と認めてくれません。パートは労災保険に入っていないそうなので自己負担するしかないのでしょうか。

A あなたは労災保険の給付を受けることができます。労働者が業務上または通勤途上の災害によって、負傷したり、病気になったり、死亡した場合、労働者あるいは遺族は災害補償を受けることができ、そのために労災保険制度があります。原則として、労働者を一人でも雇用している事業所（5人未満を雇用する農水産業を除く）は労災保険の適用対象事業所です。

労災保険の対象となる「労働者」は、労基法9条の「労働者」と同じ意味で、パートあるいはアルバイトとして雇い入れられた者でも、当然、労災保険の対象者となります。常勤か非常勤かなどの身分に関係なく、また雇用期間の長短に関係なく、「事業主に使用され、賃金を支払われているもの」であれば、給付の対象です。たとえ使用者にその災害発生について過失がない場合でも、給付を請求できます（無過失責任主義）。また、労働者に過失があっても「業務上」（つまり「仕事のため」）ならば、労災保険の給付を受けられます。

どのような給付を受けることができるかは、下表を参照してください。

保険料は全額事業主負担です。たとえ事業主が加入手続きをしていない場合でも、さかのぼ

※給付の種類

労災保険には以下のような給付(補償)があります。

1．療養（補償）給付
2．休業（補償）給付
3．傷病（補償）年金
4．障害（補償）給付
5．遺族（補償）給付
6．葬祭料（葬祭）給付
7．介護（補償）給付

(　)内を含めた給付は業務災害、(　)内を除いた給付は通勤災害に係るものである。

って、保険料を支払わせ、労災保険の補償は行なわれることになっています。

具体的な手続き

労働基準監督署にある労災保険の給付請求書を事業主及び診療担当者の証明を受けたうえで、労働基準監督署長に提出します。あなたの会社のように、「不注意だから労災ではない」などと言って証明を書いてくれないときは、労働基準監督署に相談して下さい。労働基準監督署が職権で調査して、労災であると確認できれば保険の給付が行なわれます。

時間が経過すると証明がむずかしくなる心配があります。給付請求には時効もあるので早く手続きをしましょう。

◆パートの収入調整問題◆

Q25

もう少し勤務時間を長くしたいと思うのですが、夫は「収入が増えると扶養家族からはずれて損だからやめろ」といいます。私のまわりでも「扶養の範囲内で働きたいから」といって、年末の忙しい時期に所得が増えないように休んで調整する人もいます。どう考えたらよいのでしょうか。

A

パートで働くとき、年収が増えると課税問題が生じるということで、働く日数や時間を調整している人が少なくありません。また、これを使用者が逆用して、「時給を上げたら税金がかかる」といって賃上げしない口実にしたり、あるいは出勤カードを本人のものと他人名義のものと2枚もたせて働かせている悪質な例もあります。

現在の税制のもとでは、パートタイム労働者の年収が一定額を超えると、①パートタイム労

働者本人への課税、②パートタイム労働者の配偶者が受けている配偶者控除および配偶者特別控除がはずされ、その結果、配偶者の実質手取り額が減るという問題が生じます。さらに、③配偶者の勤務先に家族手当や扶養手当制度がある場合、その支給条件として、その家族の年収を基準にしている例が多く、パートタイム労働者の年収が多くなると、配偶者に対して、この手当も支給されなくなるという問題が生じます。よく「103万円の壁」とか「三重苦」といわれるのは、このような問題をさしています。あなたの夫が「ソン」といったのも、そのことでしょう。

「正社員の仕事と比べ大して違わないのに、なんでこんなに低いのか」と、働きに見合わない賃金に納得できない思いの人は大勢います。私は、いまの働きに見合わない賃金を改善していくには、「103万円を超えてもかまいません」といって150万円、160万円……と時給アップ、年収アップを求めて働く労働者が増える必要があると考えています。「税金を払ってもトクする働き方」をめざしたいものです。

2016年から厚生年金や健康保険の加入対象が拡がることが決まっています。

低所得者には非課税枠の拡大を

最近、配偶者控除の見直しが検討されはじめており、今後の動向に注意が必要です。

低所得者については、同時に、税金の基礎控除額を引き上げていくことを考えるべきです。パート労働者が急増し、パート労働だけで家計を維持している人も少なくありません。税制の改善にあたっては、各人が生きていくために必要な最低限の所得については課税しないというのが憲法25条の生存権保障の上からも原則です。税

「パートタイム労働者の年収額」と「本人に対する課税」「配偶者に認められる控除」

パートタイム労働者の年収額	(1) パートタイム労働者本人		(2) 本人の配偶者	
	課税対象となるかどうか		所得税・住民税の課税に当たって控除が認められるかどうか	
	所得税	住民税(所得割)	配偶者控除	配偶者特別控除
100万円以下	×	×	○	×
100万円を超え103万円以下	×	○	○	×
103万円を超え141万円未満	○	○	×	○
141万円以上	○	○	×	×

※ただし、配偶者特別控除は配偶者の年間の合計所得額が1,000万円（給与等収入でおおむね1,230万円）以下の場合のみ認められます。

制については、国民的議論がもっとなされるべきと考えますが、ここでは、とりあえず、現行法で税金がどうなっているかについて紹介しましょう。

所得税

所得税は、個人の所得に対してかかる税金です。その人の1年間（1月1日から12月31日まで）のすべての所得から所得控除を差し引いた残りを「課税所得」といい、これを適用して税額を計算します。所得控除は別表にかかげたとおりです。

サラリーマンの所得税は、毎月の給与やボーナスから源泉徴収（天引き）され、12月に年末調整で精算されます。

住民税

地方自治体（都道府県と市区町村）の活動のために納めるのが「住民税」です。「住民税」には「都道府県民税」と「市区町村民税」があり、それぞれ「所得割」と「均等割」の計算方法が決められています。

配偶者控除・配偶者特別控除の考え方
（所得税の場合）

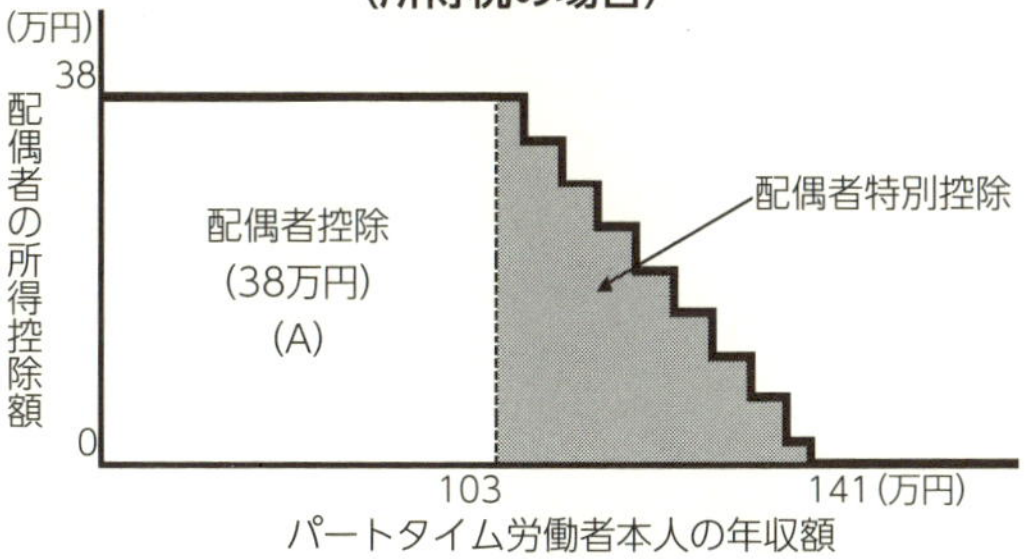

パートタイム労働者の年収と配偶者の所得控除額の関係
（所得税（国税）額計算上の控除額／住民税（地方税）額計算上の控除額）

パートタイム労働者の収入	配偶者控除（A）		配偶者特別控除（B）		合計控除額（A＋B）	
	所得税（国　税）	所得税（地方税）	所得税（国　税）	所得税（地方税）	所得税（国　税）	所得税（地方税）
103万円以下	38万円	33万円	0	0	38万円	33万円
103万円超　105万円未満	0	0	38万円	33万円	38万円	33万円
105万円以上110万円未満	0	0	36万円	33万円	36万円	33万円
110万円以上115万円未満	0	0	31万円	31万円	31万円	31万円
115万円以上120万円未満	0	0	26万円	26万円	26万円	26万円
120万円以上125万円未満	0	0	21万円	21万円	21万円	21万円
125万円以上130万円未満	0	0	16万円	16万円	16万円	16万円
130万円以上135万円未満	0	0	11万円	11万円	11万円	11万円
135万円以上140万円未満	0	0	6万円	6万円	6万円	6万円
140万円以上141万円未満	0	0	3万円	3万円	3万円	3万円
141万円以上	0	0	0	0	0	0

パートタイム労働者本人に対する課税

パート労働者の収入も「給与所得」となります。パートタイム労働者本人に対する所得税（国税）は、年収１０３万円（給与所得控除額65万円＋基礎控除額38万円）までは課税されません。住民税は、年収１００万円（給与所得控除額65万円＋所得割非課税範囲35万円）までは課税されません。均等割については、詳しくは市町村に問い合わせて下さい。

パートタイム労働者の配偶者に対する課税

パート労働者の年収が１０３万円をこえると配偶者控除、また１４１万円になると配偶者特別控除を、受けられません。

非正規雇用労働者の増加
正規から非正規への置き換え進む

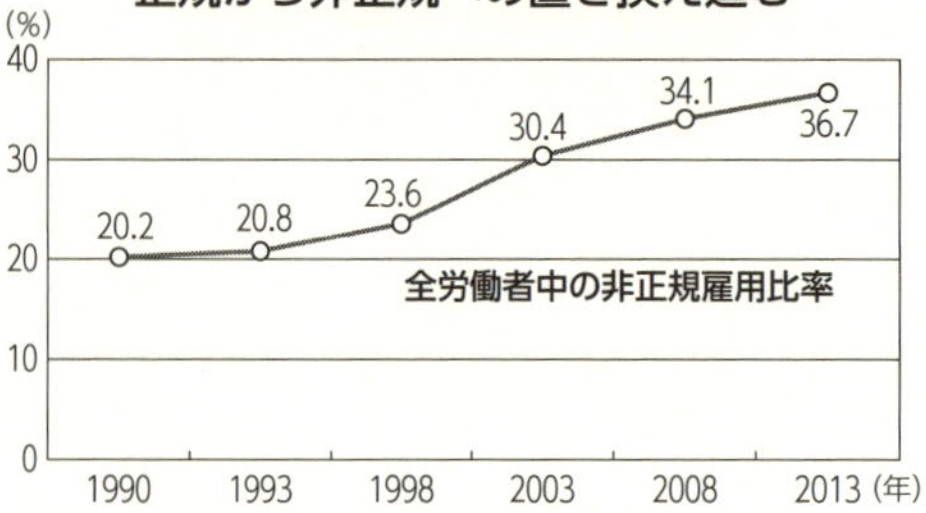

資料：総務省「労働力調査詳細集計」(2013年)

賃金年収200万円以下の比率
男女格差、低賃金の労働者の増加

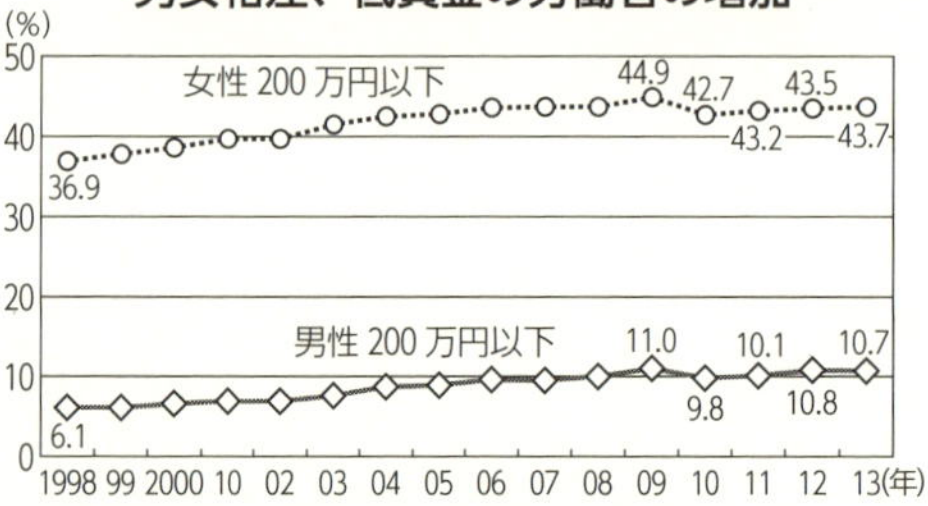

資料：国税庁「民間給与実態調査」(2014年)

雇用形態による労働者の賃金カーブ比較

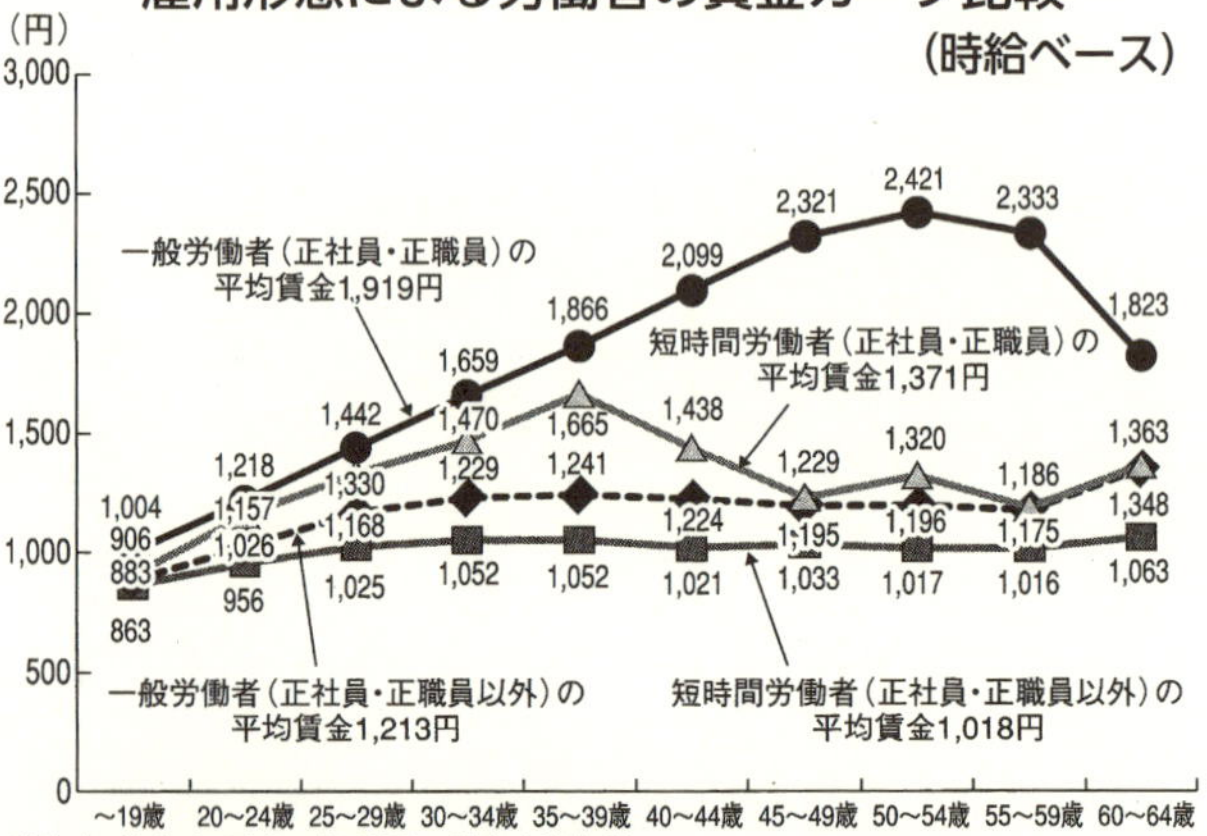

(注) 1) 賃金は、平成25年6月分の所定内給与額。
2) 一般労働者の平均賃金は、所定内給与額を所定内実労働時間数で除した値。
3) 一般労働者:常用労働者のうち、「短時間労働者」以外の者。
4) 短時間労働者:同一事業所の一般の労働者より1日の所定労働時間が短い又は1日の所定労働時間が同じでも1週の所定労働日数が少ない労働者。
5) 正社員・正職員:事業所で正社員・正職員とする者。
6) 正社員・正職員以外:事業所で正社員・正職員以外の者。

資料：厚生労働省「賃金構造基本統計調査」(平成25年) 雇用形態別表:第1表

Ⅳ　男女差別、パワハラ・セクハラなど

◆女性契約社員のみ単純労働―配置差別では？◆

Q26

一緒に入社し、同じ仕事をしていた男性契約社員は配置転換され賃金も少しあがったようです。私もその仕事をやりたいと希望しましたが、女性に配転はなく、その部署は男性しか配置しないそうです。女性でもできる仕事なのに、女性には単純作業しかさせないことは差別ではありませんか。

A

男女雇用機会均等法は、パートや有期雇用社員、契約社員など非正規労働者にも適用されます。

均等法は、労働者の配置について労働者の性別を理由として差別的取扱いをしてはならないと定めています（6条1号）。配置には「業務の配分及び権限の付与を含む」ことが明記されています。「女性には配転はない」とすることはもちろん、一定の部署へ配置するにあたって男性のみ対象とし女性を外すことは、明らかに性別を理由とする差別的取扱いで、均等法に違反し、無効です。

救済を求めるには

救済を求めるにはつぎのような方法があります。

①企業内に苦情処理機関がもうけられていればその利用（均等法15条）

③紛争解決の援助（都道府県労働局長の助言、指導又は勧告を求める）（同17条）

④調停の申請（同18条以下、個別紛争解決の促進に関する法律6条）による機会均等調停会議による調停
⑤厚生労働大臣（により委任された都道府県労働局長）による事業主に対する報告、徴収、助言、指導、勧告（同29条以下）
⑥労働審判及び本案訴訟

裁判では、精神的苦痛に対する慰謝料及び弁護士費用を請求することができます。さらに、たとえば、男性契約社員の場合は一定の年数を経ると必ず給料の高い他の職務に配置する慣行などがあれば、経済的損害の賠償を請求する場合もあります。

◆セクシュアル・ハラスメント◆

Q27

上司に「正社員に推薦するからホテルに一緒に行こう」と誘われ、断ったら「仕事が遅い」と嫌がらせ・いじめを受けています。がまんも限界ですが、やめるのはしゃくです。なにかよい方法はありませんか。

A

上司のホテルへの誘いは、その地位を利用してあなたと性的関係を持とうというものので、均等法11条で禁止する、いわゆるセクシュアル・ハラスメント（以下、「セクハラ」ともいいます）に当たる、違法な行為です。

対応策

「やめるのはしゃく」というのももっともです。しかし、我慢しつづければもっとエスカレートするかもしれませんし、またあなたが精神的にまいってしまうことも心配です。まず、上司

男女雇用機会均等法

第11条　事業主は、職場において行われる性的な言動に対するその雇用する労働者の対応により当該労働者がその労働条件につき不利益を受け、又は当該性的な言動により当該労働者の就業環境が害されることのないよう、当該労働者からの相談に応じ、適切に対応するために必要な体制の整備その他の雇用管理上必要な措置を講じなければならない。

2　厚生労働大臣は、前項の規定に基づき事業主が講ずべき措置に関して、その適切かつ有効な実施を図るために必要な指針（次項において「指針」という。）を定めるものとする。

3　（略）

がホテルに誘った日時や言葉について、日時・場所・言った内容などメモしておきましょう。[*] その後のいやがらせについても記録しておきましょう。ひどくなるようでしたら、ヴォイスレコーダーで録音しておくことも、後で有効な証拠になります。また、信頼できる同僚等がいれば、その同僚に詳しく話しておくこともよいでしょう。親しい友人に、上司の言動をメールして相談していた例で、メールの文書が証拠として役にたったこともあります。そして、早急に弁護士など専門家に相談しましょう。セクハラが原因で精神障害を発病した場合は労災保険の対象にもなりますが、[*1] そのような結果にならない前に、早期に相談することです。

事業主のセクシュアル・ハラスメントの防止対応

事業主はセクハラを防止するため「当該労働者からの相談に応じ、適切に対応するために必要な体制の整備その他の雇用管理上必要な措置を講じなければならない」と定めています（均等法11条1項）。そのための指針も出ています。

この指針[*2]では、セクハラ防止の措置として次の9項目があげられています。①業主の方針の明確化　②その方針の周知・啓発　③相談のための窓口をあらかじめ設けること　④窓口で適切に対応するために必要な体制の整備　⑤セクシュアル・ハラスメントが生じた場合の事後の迅速かつ適切な対応　⑥相談者、行為者等のプライバシーの保護　⑦それについての周知　⑧不利益扱いの禁止　⑨それについての周知・啓発

あなたの職場に、セクハラの相談窓口があれば、それを利用することも一つ

＊2　「事業主が職場における性的な言動に起因する問題に関して雇用管理上講ずべき措置についての指針」〈平18年厚生労働省告示第615号〉

＊1　セクシュアル・ハラスメントが原因で精神障害を発病した場合の労災認定基準

厚生労働省が定めた基準によると、次の①②③を満たす場合、業務上として労災認定されます。

①　認定基準の対象となる精神障害を発病していること

②　精神障害の発病前おおむね6か月間に、業務による強い心理的負荷が認められること

強姦や本人の意思を抑圧して行われたわいせつな行為など「特別な出来事」による心理的負荷は「強」と評価され、また「特別な出来事」がない場合でも、セクハラの内容、程度等や継続する状況、セクハラを受けた後の会社の対応、内応、改善の状況、職場の人間関係などで、総合評価されます。

③　業務以外の心理的負荷や個体側要因により精神障害を発病したとは認められないこと。

の方法です。そのような窓口がない、あるいはあってもプライバシーが守られるかどうか信頼できないという場合もあるでしょう。セクハラについては、各都道府県の雇用均等室が窓口となって相談を受けています。紛争解決の援助を受けたり、調停を申し立てることもできます。裁判所の手続を利用することもできます。上司に対し不法行為として損害賠償請求を行い（民法709条）、会社に対しては、上司の使用者としてその責任を問う損害賠償請求を行うことも考えられます（同715条）。労働審判の手続で解決した例も増えています。

いろいろな方法で上司や会社に責任を追及できますから、泣き寝入りしないことです。

◆非正規労働者に対するパワハラ◆

Q28

上司がとても無理な目標を定め、達成できないと「お前の能力や努力が足りない！」「できないならやめろ！」と大声で罵倒し、ウツになった人や働き過ぎて身体を壊した人もいます。弱い立場の非正規労働者は我慢するしかないのでしょうか。

A

急増するパワハラ

上司の言葉は、労働者の人格を傷つけるひどい暴言で、パワー・ハラスメント（パワハラ）です。

パワハラの予防・解決は労使ともに課題

セクハラは均等法には規定がありますが（7条）、パワハラについては法律上直接これを規定したものがありません。一般的にはパワー・ハラスメントとは「職場における職権等の力（パワー）を利用した人権侵害行為」を言います。

パワハラは、受ける人だけでなく職場環境を悪化させ、まわりの人の働く意欲をそぎます。経営者にとっても、その予防・解決は重要課題です。

使用者は、労働者が労働するにあたり、「その生命、身体等の安全を確保しつつ労働することができるよう、必要な配慮をする義務」があります（労契法5条）。使用者には労働者が働く場で人格的尊厳を侵されないよう働きやすい職場環境を整える義務があるのです。

近年では、職場における「いじめ・嫌がらせ」は、深刻な問題で、各都道府県の労働局への相談でも、2012年度、2013年度と連続してパワハラの相談がトップです（2013年度、5万9197件）。

人権を軽視するという点では、セクハラと共通していますが、パワハラは、組織的に行われる場合があるのが特徴です。たとえば、リストラのためにターゲットとなる労働者を一室に隔離して仕事らしい仕事を与えなかったり、少数組合の労働者を集団的に無視したり、排除するなどです。また、特定の部下を上司がときには同僚も加わって、いじめる場合もあります。

あなたの職場では特定の上司のようですが、目標達成などのために、上司が部下を指導したり、ミスした場合に叱責することは、ある程度許されることではあっても、大声で罵倒したり、目標を達成できなければ解雇すると脅すことは、「指導」の域を超えています。うつ病になる人も出ているというのですから、被害も重大で放っておけません。

パワハラの予防はそう簡単ではありません。まず、職場の指導的地位にある人がパワハラは許さない、なくすという姿勢を明確に示し、取り組むことが重要です。

対処の方法

上司の言動が、人格的尊厳を侵害し違法かどうかは、指導などのために必要性があったのか、

※「職場のパワー・ハラスメント」とは

同じ職場で働く者に対して、職務上の地位や人間関係などの職場内の優位性を背景に、業務の適正な範囲を超えて、精神的・身体的苦痛を与える又は職場環境を悪化させる行為をいいます。

（厚生労働省「職場のいじめ・嫌がらせ問題に関する円卓会議」報告より）

本来の目的は何か、不利益の程度などを総合して判断されますが、要はバランスを欠くかどうかです。あなたの上司の言葉は攻撃的で、また相手の人格や能力等を否定するもので、違法といえます。

上司の言葉を録音したり、メモにするなどあとで証明するために証拠を取っておきましょう。証拠を確保できたら、上司よりさらに上の管理職や会社に対しやめさせるよう申し入れるのも有力な解決方法です。ひとりで耐えたり悩んでいると、ますますエスカレートする危険があります。これ以上の犠牲者を出さないように、早急に弁護士等専門家や労働組合に相談しましょう。

法的な救済

法的な救済方法としては、人格権侵害行為を行った上司や同僚に対し不法行為責任を問い、損害賠償請求が可能です（民法７０９条）。また、使用者の意思に基づき、あるいはその意思を受けた管理職が人権侵害行為を行った場合には、使用者自身の不法行為責任（同７０９条）ないしは、使用者責任として（同７１５条）、損害賠償を請求することができます。また、使用者意思に基づく人権侵害の場合、使用者に対し労働契約上（労契法５条等）の義務を履行していないとして損害賠償請求も可能です。

加害者や使用者に申し入れたにもかかわらず、上司のパワハラが続くようであれば、「侵害行為」の差し止め・禁止の仮処分という民事裁判手続の活用も考えられますので、できるだけ早く弁護士などに相談しましょう。

最近３カ年度の主な紛争の動向

（民事上の個別労働紛争に係る相談件数）

	2011年度	2012年度	2013年度
いじめ・嫌がらせ	45,939 （＋16.6%）	51,670 （＋12.5%）	59,197 （＋14.6%）
解　雇	57,785 （－3.9%）	51,515 （－10.9%）	43,956 （－14.7%）
自己都合退職	25,966 （＋28.1%）	29,763 （＋14.6%）	33,049 （＋11.0%）
労働条件の引下げ	36,849 （－1.0%）	33,955 （－7.9%）	30,067 （－11.5%）

※(　)内は対前年度比

資料：厚生労働省「平成25年度個別労働紛争解決制度施行状況」より

教員の「5人に1人が非正規」

全教（全日本教職員組合）教育財政部

文部科学省の2012年度定数調査によれば、公立学校の臨時教員は、小学校で17・23％、中学校で18・55％、高校で23・86％、障害児学校で23・21％、全部で19・51％、総数が約18万人に達しています。これに自治体が独自に配置している教員や事務・現業などの学校職員を加えた公立学校の臨時教職員は20万人を超え、「5人に1人が非正規」という実態になっています。

いま学校は臨時教職員抜きに教育活動が成り立たない状況になっています。しかし、臨時教職員は基本的に有期雇用で不安定な身分保障のもとにおかれています。特に、非常勤職員は賃金・待遇面で劣悪な労働条件におかれています。

正規と同等の業務をするにもかかわらず、多くの県では臨時教職員には賃金や年齢に上限が設定されています。さらに、継続して働いているのにあえて任用期間に形式的な中断期間が設けられ、臨時教職員が年金・社会保険や一時金、年次有給休暇などで不利益を被る「空白の一日」という問題があります。

また、非常勤の教職員については、有給休暇が少なく、病気休暇や家族的責任を有する労働者に認められている休暇、母性保護のための制度などがない場合があります。賃金水準も低く、ダブルワーク・トリプルワークしなければ生活できない実態も明らかになっています。

弱い立場である臨時教職員に対するパワーハラスメントやセクシャルハラスメントなども増えています。しかし、任用継続や採用に影響が出るのではないかと心配で、声をあげることができずに我慢してしまうケースが多く、「物言わぬ教職員」づくりに利用されています。

臨時教職員増加の原因は、国の安上がりな教職員配置をすすめる政策にあります。その結果、臨時教職員の多用化がすすみ、臨時教職員そのものが不足し、産・育休や病休の代替が見つからずに「教育に穴があく」という状況が全国的に広がっています。臨時教員の多用が子どもたちの学習権保障と教育活動上、猶予できない影響を学校現場にもたらしています。

学校に必要な教職員は正規が当然であり、国は責任をもって教職員定数改善計画をつくり都道府県が臨時教職員の正規化と教職員の採用増をすすめられるようにすることがきわめて重要です。

V 働く権利を守るために——困った時の相談窓口・労働組合など

◆非正規社員の組合員資格◆

Q29

職場の組合は正社員のみが加入しており、パートや契約社員は入っていません。パート等は労働組合に加入できないのでしょうか。
また、個人で加入できる地域の組合はありますか。

A

労働組合についての権利（これを労働基本権といいます）は憲法で保障されており、パートタイム労働者や契約社員ももちろん認められています。

憲法は労働者の団結権を保障

憲法は、「勤労者の団結する権利及び団体交渉その他の団体行動をする権利は、これを保障する」と定めています（28条）。この規定の趣旨は、①労働者が労働組合をつくることあるいは労働組合に加入して団結し、②その力を背景にして賃上げなどの要求を出し、使用者と対等の立場で団体交渉を行い、③要求を実現するためにストライキなどの団体行動をすることを、権利として認めています（これを労働三権といいます）。使用者と比べて立場の弱い労働者は、団結してこそ、自分たちの権利を実現し、労働条件を向上できるからです。

不当労働行為からの救済

この規定を受けて、労働組合法という法律があります。労働組合法は、労働者の団結権を侵害する行為（これを不当労働行為といいます）を禁止しています*（7条）。

＊不当労働行為の類型（労組法7条）
①労働組合への加入・結成及び組合活動をしたことを理由とする不利益取り扱い。労働組合に加入しないことや脱退することを雇用条件とする「黄犬契約」（1号）
②使用者が正当な理由なく団体交渉を拒む団交拒否（2号）
③労働組合の結成・運営に対する使用者の支配・介入（3号）

労働組合法では、労働者とは「職業の種類を問わず、賃金、給与その他これに準ずる収入によって生活する者をいう」と定義されています（3条）。つまり、賃金などの収入によって生活する者であれば誰でも労働組合員になれます。主婦パートも、学生アルバイトも、さらに一時的に失業している人でも、就職して収入を得ようとしている人なら労働組合員になれます。

不当労働行為がなされた場合に、労働組合が労働委員会（都道府県労働委員会と、東京に中央労働委員会があり、他に船員のための労働委員会があります）に申し立て、救済命令を出してもらうことができます。

パートタイム労働者等非正規労働者も労働組合に加入を

このように法律上、労働者には労働基本権を認められているのに、労働組合の規約で組合員資格を正社員に限定し、実際にはパートタイム労働者など非正規労働者に加入を認めていない労働組合もあります。しかし、労働組合の本来のあり方から考えると、こうした規約こそ改めるべきです。一緒に働いているパートの賃金や労働条件が向上しないと、それにひきずられて正社員の賃上げもおぼつかなくなります。

いま多くの職場では、正社員の採用控えやリストラが行われ、正社員をパートや派遣へ切りかえ、非正規社員が急増しています。

「パートは定型的・補助的な仕事」という時代ではなくなり、パート店長や派遣社員のチーフなどの例に見られるように、基幹的な仕事に従事している例は珍しくありません。

パートタイム労働者をより有効に安く使おうと考えている企業では、単純定型的な仕事をするパート、将来能力をアップしてやりがいのある仕事をめざすパートなど、パートの仕事や処遇を分け、パートにも査定をもちこんで、昇給などに差をもうけようとしています。正社員とパートタイム労働者の間だけでなく、パートタイム労働者同士の間にもこのような区別をもちこみ、労働者を競走させせようというのが、企業・財界の「21世紀戦略」なのです。こうした実態は、公務職場にもひろがり、「官製ワーキングプア」の深刻な労働実態が報告されています。

こんなときだからこそ、いっそう正規雇用労働者とパート・派遣など非正規労働者との団結が必要であり（「セ・パの団結」）、パートを労働組合に迎え入れるとりくみが重要です。

非正規労働者の組合加入を強めている労働組合も増えていますので、積極的に加入しましょう。また、パートだけの労働組合をつくることも一つの方法です。地域には、職種を問わず1人だけでも加入できる組合がありますので、そこに相談されるのもよいでしょう。

◆困ったときに相談に行くところは？◆

Q30

残業代が支払われず、有給休暇もないブラック企業で働いています。このような状況を変えたいのですが、職場には労働組合がなく、どうしたらいいのかわかりません。相談できる公的な窓口や解決のための方法はありますか。

A

労働者にとって、団結こそ力です。

地域の労働組合 ― 全労連の地方組織（県労連・地域労連など）や地域にある産別組織にぜひ相談してください。また、行政機関（労働基準監督署、公共職業安定所など）、地方自治体の労政事務所・労働相談センター、さらに弁護士会の相談センターや法テラス、法律事務所および自由法曹団や日本労働弁護団などが相談にのってくれますから、ぜひ活用してください。

職場でぶつかっている問題を、一人で悩んでいるのではなく、こうした機関を積極的に活用していきましょう。次ページに主な相談先を紹介します。

都道府県労働局による紛争解決

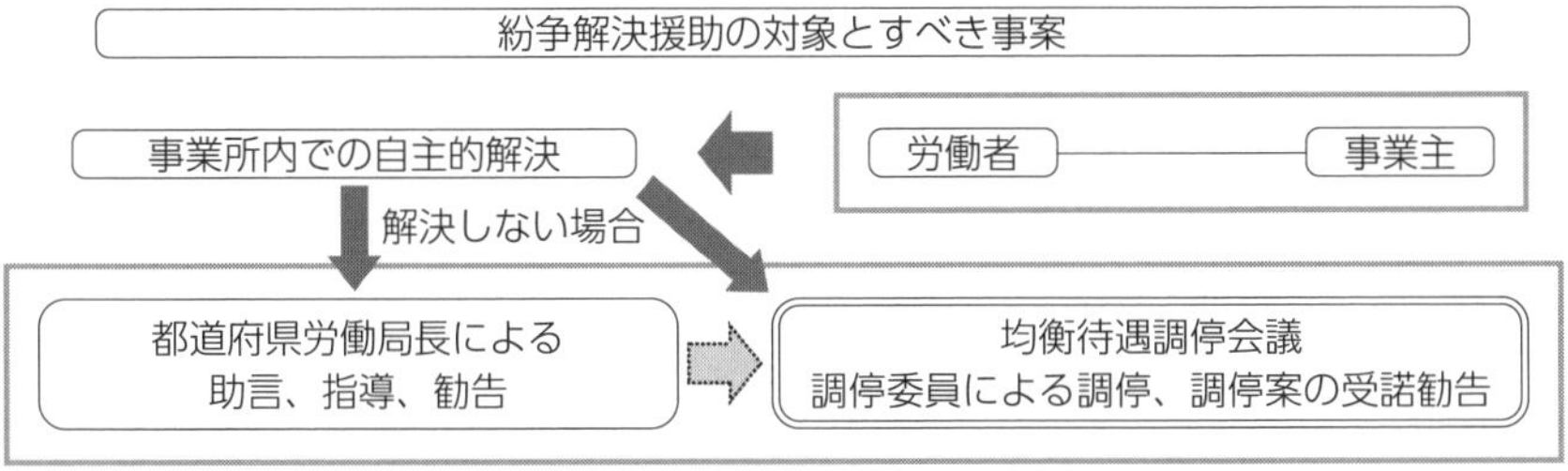

厚生労働省・各都道府県労働局雇用均等室

(2014年2月)

(パートタイム労働法、男女雇用機会均等法、育児・介護休業法に関する相談)

県	電話番号	FAX 番号	県	電話番号	FAX 番号
北海道	011-709-2715	011-709-8786	滋賀	077-523-1190	077-527-3277
青森	017-734-4211	017-777-7696	京都	075-241-0504	075-241-0493
岩手	019-604-3010	019-604-1535	大阪	06-6941-8940	06-6946-6465
宮城	022-299-8844	022-299-8845	兵庫	078-367-0820	078-367-3854
秋田	018-862-6684	018-862-4300	奈良	0742-32-0210	0742-32-0214
山形	023-624-8228	023-624-8246	和歌山	073-488-1170	073-475-0114
福島	024-536-4609	024-536-4658	鳥取	0857-29-1709	0857-29-4142
茨城	029-224-6288	029-224-6265	島根	0852-31-1161	0852-31-1505
栃木	028-633-2795	028-637-5998	岡山	086-224-7639	086-224-7693
群馬	027-210-5009	027-210-5104	広島	082-221-9247	082-221-2356
埼玉	048-600-6210	048-600-6230	山口	083-995-0390	083-995-0389
千葉	043-221-2307	043-221-2308	徳島	088-652-2718	088-652-2751
東京	03-3512-1611	03-3512-1555	香川	087-811-8924	087-811-8935
神奈川	045-211-7380	045-211-7381	愛媛	089-935-5222	089-935-5223
新潟	025-288-3511	025-288-3518	高知	088-885-6041	088-885-6042
富山	076-432-2740	076-432-3959	福岡	092-411-4894	092-411-4895
石川	076-265-4429	076-221-3087	佐賀	0952-32-7218	0952-32-7224
福井	0776-22-3947	0776-22-4920	長崎	095-801-0050	095-801-0051
山梨	055-225-2859	055-225-2787	熊本	096-352-3865	096-352-3876
長野	026-227-0125	026-227-0126	大分	097-532-4025	097-537-1240
岐阜	058-245-1550	058-245-7055	宮崎	0985-38-8827	0985-38-8831
静岡	054-252-5310	054-252-8216	鹿児島	099-222-8446	099-222-8459
愛知	052-219-5509	052-220-0573	沖縄	098-868-4380	098-869-7914
三重	059-226-2318	059-228-2785			

厚生労働省 **「労働条件相談ほっとライン」 0120-811-610** (はい！ろうどう)
(ブラック企業対策) 平日17～22時 土日10～17時 (水曜休)

名称	電話番号	FAX 番号	住所
日本労働弁護団（弁護士団体）	03-3251-5363	03-3258-6790	東京都千代田区神田駿河台3-2-11 連合会館4階
自由法曹団（弁護士団体）	03-5227-8255	03-5227-8257	東京都文京区関口1-8-6 メゾン文京関口Ⅱ 202号
全労連（全国労働組合総連合）	03-5842-5611	03-5842-5620	東京都文京区湯島2-4-4
全労連　労働相談ホットライン	090-378-060 0120-378-060 フリーダイヤル(電話をかけた県内の相談室に直通)		

困ったときには泣き寝入りせずに労働組合に相談を

全労連・非正規雇用センター

非正規で働く仲間が増えている

財界が非正規労働者の活用を利益拡大の柱に据えた1995年以来、非正規労働者は急増し、今では2000万人を超え、全労働者の4割弱。女性労働者に限れば過半数を超え、6割弱を占めるに至っています。また、学校を卒業して初めて就く仕事が非正規という割合も男性で3割、女性では5割にも及んでいますから、このままでは、いっそう非正規労働者が増え続けるでしょう。

しかも、これだけ非正規労働者が増えているのに、その賃金労働条件はきわめて低いままに放置されています。

賃金は正規労働者の5割程度で、一時金、退職金、扶養手当、住宅手当などが支給されないか、支給されてもごくわずかな場合がほとんどではないでしょうか。

仕事はずっと続く仕事なのに、雇用契約期間は数か月〜1年の細切れで、突然雇い止めされたり、雇用が継続していても次の契約を更新してもらえるか常に不安を抱いている方も多いことでしょう。また雇用不安から、当然の権利の主張ができない、不当な要求を拒否できない、などということも少なくありません。

皆さんの職場ではいかがでしょうか？

「正社員と同じ仕事をしているのに、どうしてこんなに差があるの⁉」と感じてはいませんか。「正社員になりたい」「まともに暮らせる賃金がほしい」「不安なく気持ちよく働きたい」、でも「その見込みはない」とあきらめてはいませんか。

非正規労働者にもたくさんの権利がある

あなたの職場では、有給休暇や産休・育児休暇は取得できますか？　社会保険に加入していますか？　残業代はきちんと支払われていますか？　セクハラやパワハラなどはありませんか？

非正規だから仕方がないことなのでしょうか。我慢しなくてはならないことなのでしょうか。

そんなことはありません。

まず、世界的には、「均等待遇（同一労働同一賃金）原則」が確立しており、パートや非正規であることを理由とする賃金格差を放置している日本政府に対し、国連などから差別是正措置を講じるよう何度も是正命令が出されているのです。

「パートだから低賃金・無権利」という日本の現状は世界の非常識なのです。

実はパートや有期雇用など非正規で働く人にも様々な権利が法律で定められています。たとえば、有給休暇や産休はパートや有期・派遣でも取得できますし、週あたりの労働時間が20時間以上であれば雇用保険に、正社員の4分の3以上であれば健康保険にも加入できるのです。ところが、そうした当然の権利さえ守られていないことが少なくない実態なのです。

●全労連　労働相談ホットライン
フリーダイヤル　090－378－060
0120－378－060

どうすれば権利が行使できる働きやすい職場になるか

労働基準法など法律によって非正規労働者にも保障されている様々な権利、国際的に確立した権利をあなたの職場で活用するにはどうすればいいのでしょうか。

たとえば、最低賃金未満の賃金は違法（罰金刑）ですが、黙っていては改善されません。会社に改善を申し入れたり、労働基準監督署に告発したりすることが必要です。

最初に声を上げるのは大変です。でも、職場の現状に不満を持っている人はたくさんいるはずです。同僚の皆さんも、実は不満を胸に秘め、改善を望んでいるのではないでしょうか。そうした仲間の力を信じて、労働組合をつくり、みんなの力で、労働組合の取り組みで、働きやすい職場、誰もが不安なく、気持ちよく働ける職場をつくろうではありませんか。そのことは会社の発展にもつながっていきます。

すでにたくさんの仲間が労働組合といっしょに様々な問題を解決しています。個人では解決できない問題でも、労働組合は会社と対等に話し合い（交渉）、権利行使を可能とし、雇用の安定や賃金労働条件の改善を通じて、不安なく働き続けられる職場、働きやすい職場を作っているのです。

あなたの周りにも親身に相談に乗ってくれる労働合・労働相談センターがあります

でも「私は声なんて挙げられない」「まわりのみんなは会社のいいなりになっている」……心配はいりません。まずは身近な労働組合、もしくは全国すべての地域にある「労働相談センター」にご連絡ください。ベテランの相談員があなたのお電話をお待ちしています（相談は無料です）。

ILO パートタイム労働に関する条約（第175号・抜すい）

1994年6月24日採択

第1条

この条約の適用上、

(a)「パートタイム労働者」とは、通常の労働時間が比較可能なフルタイム労働者の通常の労働時間よりも短い被用者をいう。

(b) (a)に規定する通常の労働時間は、一週間当たりで、又は一定の雇用期間の平均により計算することができる。

(c)「比較可能なフルタイム労働者」とは、次のフルタイム労働者をいう。

(i) 関係するパートタイム労働者と同一の種類の雇用関係を有するフルタイム労働者

(ii) 関係するパートタイム労働者と同一の又は類似の種類の労働又は職業に従事するフルタイム労働者

(iii) 関係するパートタイム労働者と同一の事業所に雇用されているフルタイム労働者、同一の事業所に比較可能なフルタイム労働者がいない場合には同一の企業に雇用されているフルタイム労働者又は同一の企業に比較可能なフルタイム労働者がいない場合には同一の活動部門で雇用されているフルタイム労働者

(d) 部分的失業、すなわち経済的、技術的又は構造的な理由による通常の労働時間の集団的かつ一時的な短縮の影響を受けたフルタイム労働者は、パートタイム労働者とみなさない。

第2条

この条約は、他の国際労働条約に基づいてパートタイム労働者に適用することができる一層有利な規定に影響を及ぼすものではない。

第3条

1　この条約は、すべてのパートタイム労働者について適用する。ただし、加盟国は、特定の種類の労働者又は事業所に対しこの条約を適用することにより重要性を有する特別の問題が生ずる場合には、関係のある代表的な使用者団体及び労働者団体との協議の上、当該特定の種類の労働者又は事業所の全部又は一部をこの条約の適用範囲から除外することができる。

2　この条約を批准する加盟国であって1の可能性を援用するものは、国際労働機関憲章第22条の規定に基づくこの条約の適用に関する報告において、1の規定により除外する特定の種類の労働者又は事業所及びその除外が必要であると判断され又は引き続き必要であると判断される理由を明示する。

第4条

次の事項に関し、パートタイム労働者が比較可能なフルタイム労働者に対し与える保護と同一の保護を受けることを確保する措置をとる。

(a)　団結権、団体交渉権及び労働者代表として行動する権利

(b)　職業上の安全及び健康

(c)　雇用及び職業における差別

第5条

パートタイム労働者が、パートタイムで働いているという理由のみによって、時間、生産量又は出来高に比例して計算される基本賃金であって、同一の方法により計算される比較可能なフルタイム労働者の基本賃金よりも低いものを受領することがないことを確保するため、国内法及び国内慣行に適合する措置をとる。

第6条

職業活動を基礎とする法定の社会保障制度は、パートタイム労働者が比較可能なフルタイム労働者と同等の条件を享受するよう調整される。この条件は、労働時間、拠出金若しくは勤労所得に比例して、又は国内法及び国内慣行に適合する他の方法により決定することができる。

第7条

次の分野において、パートタイム労働者が比較可能なフルタイム労働者と同等の条件を享受することを確保するための措置をとる。ただし、金銭上の権利は、労働時間又は勤労所得に比例して決定することができる。

(a)　母性保護

(b)　雇用の終了

(c)　年次有給休暇及び有給の公の休日

(d)　病気休暇

第8条／第9条（略）

第10条

適当な場合には、国内法及び国内慣行に従い、フルタイム労働からパートタイム労働への転換又はその逆の転換が任意に行われることを確保するための措置をとる。

第11条

この条約は、労働協約又は国内慣行に適合するその他の方法による場合を除くほか、法令によって実施する。最も代表的な使用者団体及び労働者団体は、法令が制定される前に協議を受ける。

を行う労働者の福祉に関する法律（平成３年法律第76号）、労働者災害補償保険法（昭和22年法律第50号）、雇用保険法（昭和49年法律第116号）等の労働に関する法令は短時間労働者についても適用があることを認識しこれを遵守しなければならないこと。

2　短時間労働法第６条から第14条までの規定に従い、短時間労働者の雇用管理の改善等に関する措置等を講ずるとともに、多様な就業実態を踏まえ、その職務の内容、職務の成果、意欲、能力および経験等に応じた待遇に係る措置を講ずるように努めるものとすること。

3　短時間労働者の雇用管理の改善等に関する措置等を講ずるに際して、その雇用する通常の労働者その他の労働者の労働条件を合理的な理由なく一方的に不利益に変更することは法的に許されないこと、また、所定労働時間が通常の労働者と同一の有期契約労働者については、短時間労働者法第２条に規定する短時間労働者に該当しないが、短時間労働者法の趣旨が考慮されるべきであることに留意すること。

第３　事業主が講ずべき短時間労働者の雇用管理の改善等に関する措置等

事業主は、第２の基本的考え方に基づき、特に、次の事項について適切な措置を講ずるべきである。

1　短時間労働者の雇用管理の改善等

(1)　労働時間

イ　事業主は、短時間労働者の労働時間及び労働日を定め、又は変更するに当たっては、当該短時間労働者の事情を十分考慮するように努めるものとする。

ロ　事業主は、短時間労働者について、できるだけ所定労働時間を超えて、又は所定労働日以外の日に労働させないように努めるものとする。

(2)　退職手当その他の手当

事業主は、短時間労働者法第９条及び第10条に定めるもののほか、短時間労働者の退職手当、通勤手当その他の職務の内容に密接に関連して支払われるもの以外の手当についても、その就業の実態、通常の労働者との均衡等を考慮して定めるように努めるものとする。

(3)　福利厚生

事業主は、短時間労働者法第９条及び第12条に定めるもののほか、医療、教養、文化、体育、レクリエーション等を目的とした福利厚生施設の利用及び事業主が行うその他の福利厚生の措置についても、短時間労働者の就業の実態、通常の労働者との均衡等を考慮した取扱いをするように努めるものとする。

2　労使の話合いの促進

(1)　事業主は、短時間労働者を雇い入れた後、当該短時間労働者から求めがあったときは、短時間労働者法第14条第２項に定める事項以外の、当該短時間労働者の待遇に係る事項についても、説明するように努めるものとする。

(2)　事業主は、短時間労働者の就業の実態、通常の労働者との均衡等を考慮して雇用管理の改善等に関する措置等を講ずるに当たっては、当該事業所における関係労使の十分な話合いの機会を提供する等短時間労働者の意見を聴く機会を設けるための適当な方法を工夫するように努めるものとする。

(3)　事業主は、短時間労働者法第22条に定める事項以外の、短時間労働者の就業の実態、通常の労働者との均衡等を考慮し待遇に係る事項についても、短時間労働者から苦情の申出を受けたときは、当該事業所における苦情処理の仕組みを活用する等その自主的な解決を図るように努めるものとする。

3　不利益取扱いの禁止

(1)　事業主は、短時間労働者が、短時間労働者法第７条に定める過半数代表者であること若しくは過半数代表者になろうとしたこと又は過半数代表者として正当な行為をしたことを理由として不利益な取扱いをしないようにするものとする。

(2)　事業主は、短時間労働者が、短時間労働者法第14条第２項に定める待遇の決定に当たって考慮した事項の説明を求めたことを理由として不利益な取扱いをしてはならない。また、短時間労働者が、不利益な取扱いをおそれて、短時間労働者法第14条第２項に定める説明を求めることができないことがないようにするものであること。

(3)　短時間労働者が、親族の葬儀等のために勤務しなかったことを理由として解雇等が行われることは適当でないものであること。

4　短時間雇用管理者の氏名の周知

事業主は、短時間雇用管理者を選任したときは、当該短時間雇用管理者の氏名を事業所の見やすい場所に掲示する等により、その雇用する短時間労働者に周知させるよう努めるものとする。

の解決の促進に関する法律（平成13年法律第112号）第４条、第５条及び第12条から第19条までの規定は適用せず、次条から第27条までに定めるところによる。

（紛争の解決の援助）

第24条　都道府県労働局長は、前条に規定する紛争に関し、当該紛争の当事者の双方又は一方からその解決につき援助を求められた場合には、当該紛争の当事者に対し、必要な助言、指導又は勧告をすることができる。

２　事業主は、短時間労働者が前項の援助を求めたことを理由として、当該短時間労働者に対して解雇その他不利益な取扱いをしてはならない。

第２節　調停

（調停の委任）

第25条　都道府県労働局長は、第23条に規定する紛争について、当該紛争の当事者の双方又は一方から調停の申請があった場合において当該紛争の解決のために必要があると認めるときは、個別労働関係紛争の解決の促進に関する法律第6条第1項の紛争調整委員会に調停を行わせるものとする。

２　前条第２項の規定は、短時間労働者が前項の申請をした場合について準用する。

（調停）

第26条　雇用の分野における男女の均等な機会及び待遇の確保等に関する法律（昭和47年法律第113号）第19条、第20条第１項及び第21条から第26条までの規定は、前条第１項の調停の手続について準用する。この場合において、同法第19条第１項中「前条第１項」とあるのは「短時間労働者の雇用管理の改善等に関する法律第25条第１項」と、同法第20条第１項中「関係当事者」とあるのは「関係当事者又は関係当事者と同一の事業所に雇用される労働者その他の参考人」と、同法第25条第１項中「第18条第１項」とあるのは「短時間労働者の雇用管理の改善等に関する法律第25条第１項」と読み替えるものとする。

（厚生労働省令への委任）

第27条　この節に定めるもののほか、調停の手続に関し必要な事項は、厚生労働省令で定める。

第５章　雑則

（雇用管理の改善等の研究等）

第28条　厚生労働大臣は、短時間労働者がその有する能力を有効に発揮することができるようにするため、短時間労働者のその職域の拡大に応じた雇用管理の改善等に関する措置その他短時間労働者の雇用管理の改善等に関し必要な事項について、調査、研究及び資料の整備に努めるものとする。

（適用除外）

第29条　この法律は、国家公務員及び地方公務員並びに船員職業安定法（昭和23年法律第130号）第六条第一項に規定する船員については、適用しない。

（過料）

第30条　第18条第１項の規定による報告をせず、又は虚偽の報告をした者は、20万円以下の過料に処する。

第31条　第６条第１項の規定に違反した者は、10万円以下の過料に処する。

パートタイム労働指針（事業主が講ずべき短時間労働者の雇用管理の改善等に関する措置等についての指針）

（平成19年厚生労働省告示第326号）
（改正平成26年厚生労働省告示第293号）

第１　趣旨

この指針は、短時間労働者の雇用管理の改善等に関する法律（以下「短時間労働者法」という。）第３条第１項の事業主が講ずべき適正な労働条件の確保、教育訓練の実施、福利厚生の充実その他の雇用管理の改善及び通常の労働者への転換の推進（以下「雇用管理の改善等」という。）に関する措置等に関し、その適切かつ有効な実施を図るため、短時間労働者法第６条から第14条までに定めるもののほかに必要な事項を定めたものである。

第２　事業主が講ずべき短時間労働者の雇用管理の改善等に関する措置等を講ずるに当たっての基本的考え方

事業主は、短時間労働者の雇用管理の改善等に関する措置等を講ずるに当たって、次の事項を踏まえるべきである。

１　労働基準法（昭和22年法律第49号）、最低賃金法（昭和34年法律第137号）、労働安全衛生法（昭和47年法律第57号）、労働契約法（平成19年法律第128号）、雇用の分野における男女の均等な機会及び待遇の確保等に関する法律（昭和47年法律第113号）、育児休業、介護休業等育児又は家族介護の他の当該募集に係る事項を当該事業所において雇用する短時間労働者に周知すること。
2　通常の労働者の配置を新たに行う場合において、当該配置の希望を申し出る機会を当該配置に係る事業所において雇用する短時間労働者に対して与えること。
3　一定の資格を有する短時間労働者を対象とした通常の労働者への転換のための試験制度を設けることその他の通常の労働者への転換を推進するための措置を講ずること。
（事業主が講ずる措置の内容等の説明）
第14条　事業主は、短時間労働者を雇い入れたときは、速やかに、第９条から前条までの規定により措置を講ずべきこととされている事項（労働基準法第15条第１項に規定する厚生労働省令で定める事項及び特定事項を除く。）に関し講ずることとしている措置の内容について、当該短時間労働者に説明しなければならない。
2　事業主は、その雇用する短時間労働者から求めがあったときは、第６条、第７条及び第９条から前条までの規定により措置を講ずべきこととされている事項に関する決定をするに当たって考慮した事項について、当該短時間労働者に説明しなければならない。
（指針）
第15条　厚生労働大臣は、第６条から前条までに定めるもののほか、第３条第１項の事業主が講ずべき雇用管理の改善等に関する措置等に関し、その適切かつ有効な実施を図るために必要な指針（以下この節において「指針」という。）を定めるものとする。
2　第５条第３項から第５項までの規定は指針の策定について、同条第４項及び第５項の規定は指針の変更について準用する。
（相談のための体制の整備）
第16条　事業主は、短時間労働者の雇用管理の改善等に関する事項に関し、その雇用する短時間労働者からの相談に応じ、適切に対応するために必要な体制を整備しなければならない。
（短時間雇用管理者）
第17条　事業主は、常時厚生労働省令で定める数以上の短時間労働者を雇用する事業所ごとに、厚生労働省令で定めるところにより、指針に定める事項その他の短時間労働者の雇用管理の改善等に関する事項を管理させるため、短時間雇用管理者を選任するように努めるものとする。
（報告の徴収並びに助言、指導及び勧告等）
第18条　厚生労働大臣は、短時間労働者の雇用管理の改善等を図るため必要があると認めるときは、短時間労働者を雇用する事業主に対して、報告を求め、又は助言、指導若しくは勧告をすることができる。
2　厚生労働大臣は、第６条第１項、第９条、第11条第1項、第12条から第14条まで及び第16条の規定に違反している事業主に対し、前項の規定による勧告をした場合において、その勧告を受けた者がこれに従わなかったときは、その旨を公表することができる。
3　前２項に定める厚生労働大臣の権限は、厚生労働省令で定めるところにより、その一部を都道府県労働局長に委任することができる。

第２節　事業主等に対する国の援助等

（事業主等に対する援助）
第19条（略）
（職業訓練の実施等）
第20条　国、都道府県及び独立行政法人高齢・障害・求職者雇用支援機構は、短時間労働者及び短時間労働者になろうとする者がその職業能力の開発及び向上を図ることを促進するため、短時間労働者、短時間労働者になろうとする者その他関係者に対して職業能力の開発及び向上に関する啓発活動を行うように努めるとともに、職業訓練の実施について特別の配慮をするものとする。
（職業紹介の充実等）
第21条（略）

第４章　紛争の解決

第１節　紛争の解決の援助

（苦情の自主的解決）
第22条　事業主は、第６条第１項、第９条、第11条第１項及び第12条から第14条までに定める事項に関し、短時間労働者から苦情の申出を受けたときは、苦情処理機関（事業主を代表する者及び当該事業所の労働者を代表する者を構成員とする当該事業所の労働者の苦情を処理するための機関をいう。）に対し当該苦情の処理を委ねる等その自主的な解決を図るように努めるものとする。
（紛争の解決の促進に関する特例）
第23条　前条の事項についての短時間労働者と事業主との間の紛争については、個別労働関係紛争

第３章　短時間労働者の雇用管理の改善等に関する措置等

第１節　雇用管理の改善等に関する措置

（労働条件に関する文書の交付等）

第６条　事業主は、短時間労働者を雇い入れたときは、速やかに、当該短時間労働者に対して、労働条件に関する事項のうち労働基準法（昭和22年法律第49号）第15条第１項に規定する厚生労働省令で定める事項以外のものであって厚生労働省令で定めるもの（次項及び第14条第１項において「特定事項」という。）を文書の交付その他厚生労働省令で定める方法（次項において「文書の交付等」という。）により明示しなければならない。

２　事業主は、前項の規定に基づき特定事項を明示するときは、労働条件に関する事項のうち特定事項及び労働基準法第15条第１項に規定する厚生労働省令で定める事項以外のものについても、文書の交付等により明示するように努めるものとする。

（就業規則の作成の手続）

第７条　事業主は、短時間労働者に係る事項について就業規則を作成し、又は変更しようとするときは、当該事業所において雇用する短時間労働者の過半数を代表すると認められるものの意見を聴くように努めるものとする。

（短時間労働者の待遇の原則）

第８条　事業主が、その雇用する短時間労働者の待遇を、当該事業所に雇用される通常の労働者の待遇と相違するものとする場合においては、当該待遇の相違は、当該短時間労働者及び通常の労働者の業務の内容及び当該業務に伴う責任の程度（以下「職務の内容」という。）、当該職務の内容及び配置の変更の範囲その他の事情を考慮して、不合理と認められるものであってはならない。

（通常の労働者と同視すべき短時間労働者に対する差別的取扱いの禁止）

第９条　事業主は、職務の内容が当該事業所に雇用される通常の労働者と同一の短時間労働者（第11条第１項において「職務内容同一短時間労働者」という。）であって、当該事業所における慣行その他の事情からみて、当該事業主との雇用関係が終了するまでの全期間において、その職務の内容及び配置が当該通常の労働者の職務の内容及び配置の変更の範囲と同一の範囲で変更されると見込まれるもの（次条及び同項において「通常の労働者と同視すべき短時間労働者」という。）については、短時間労働者であることを理由として、賃金の決定、教育訓練の実施、福利厚生施設の利用その他の待遇について、差別的取扱いをしてはならない。

（賃金）

第10条　事業主は、通常の労働者との均衡を考慮しつつ、その雇用する短時間労働者（通常の労働者と同視すべき短時間労働者を除く。次条第2項及び第12条において同じ。）の職務の内容、職務の成果、意欲、能力又は経験等を勘案し、その賃金（通勤手当、退職手当その他の厚生労働省令で定めるものを除く。）を決定するように努めるものとする。

（教育訓練）

第11条　事業主は、通常の労働者に対して実施する教育訓練であって、当該通常の労働者が従事する職務の遂行に必要な能力を付与するためのものについては、職務内容同一短時間労働者（通常の労働者と同視すべき短時間労働者を除く。以下この項において同じ）が既に当該職務に必要な能力を有している場合その他の厚生労働省令で定める場合を除き、職務内容同一短時間労働者に対しても、これを実施しなければならない。

２　事業主は、前項に定めるもののほか、通常の労働者との均衡を考慮しつつ、その雇用する短時間労働者の職務の内容、職務の成果、意欲、能力及び経験等に応じ、当該短時間労働者に対して教育訓練を実施するように努めるものとする。

（福利厚生施設）

第12条　事業主は、通常の労働者に対して利用の機会を与える福利厚生施設であって、健康の保持又は業務の円滑な遂行に資するものとして厚生労働省令で定めるものについては、その雇用する短時間労働者に対しても、利用の機会を与えるように配慮しなければならない。

（通常の労働者への転換）

第13条　事業主は、通常の労働者への転換を推進するため、その雇用する短時間労働者について、次の各号のいずれかの措置を講じなければならない。

１　通常の労働者の募集を行う場合において、当該募集に係る事業所に掲示すること等により、その者が従事すべき業務の内容、賃金、労働時間そ

短時間労働者の雇用管理の改善等に関する法律（パートタイム労働法）

（1993年6月18日公布）
（1993年12月1日施行）
（2015年4月1日改正法施行）

第1章　総則

（目的）

第1条　この法律は、我が国における少子高齢化の進展、就業構造の変化等の社会経済情勢の変化に伴い、短時間労働者の果たす役割の重要性が増大していることにかんがみ、短時間労働者について、その適正な労働条件の確保、雇用管理の改善、通常の労働者への転換の推進、職業能力の開発及び向上等に関する措置等を講ずることにより、通常の労働者との均衡のとれた待遇の確保等を図ることを通じて短時間労働者がその有する能力を有効に発揮することができるようにし、もってその福祉の増進を図り、あわせて経済及び社会の発展に寄与することを目的とする。

（定義）

第2条　この法律において「短時間労働者」とは、1週間の所定労働時間が同一の事業所に雇用される通常の労働者（当該事業所に雇用される通常の労働者と同種の業務に従事する当該事業所に雇用される労働者にあっては、厚生労働省令で定める場合を除き、当該労働者と同種の業務に従事する当該通常の労働者）の1週間の所定労働時間に比し短い労働者をいう。

（事業主等の責務）

第3条　事業主は、その雇用する短時間労働者について、その就業の実態等を考慮して、適正な労働条件の確保、教育訓練の実施、福利厚生の充実その他の雇用管理の改善及び通常の労働者への転換（短時間労働者が雇用される事業所において通常の労働者として雇い入れられることをいう。以下同じ。）の推進（以下「雇用管理の改善等」という。）に関する措置等を講ずることにより、通常の労働者との均衡のとれた待遇の確保等を図り、当該短時間労働者がその有する能力を有効に発揮することができるように努めるものとする。

2　事業主の団体は、その構成員である事業主の雇用する短時間労働者の雇用管理の改善等に関し、必要な助言、協力その他の援助を行うように努めるものとする。

（国及び地方公共団体の責務）

第4条　国は、短時間労働者の雇用管理の改善等について事業主その他の関係者の自主的な努力を尊重しつつその実情に応じてこれらの者に対し必要な指導、援助等を行うとともに、短時間労働者の能力の有効な発揮を妨げている諸要因の解消を図るために必要な広報その他の啓発活動を行うほか、その職業能力の開発及び向上等を図る等、短時間労働者の雇用管理の改善等の促進その他その福祉の増進を図るために必要な施策を総合的かつ効果的に推進するように努めるものとする。

2　地方公共団体は、前項の国の施策と相まって、短時間労働者の福祉の増進を図るために必要な施策を推進するように努めるものとする。

第2章　短時間労働者対策基本方針

第5条　厚生労働大臣は、短時間労働者の福祉の増進を図るため、短時間労働者の雇用管理の改善等の促進、職業能力の開発及び向上等に関する施策の基本となるべき方針（以下この条において「短時間労働者対策基本方針」という。）を定めるものとする。

2　短時間労働者対策基本方針に定める事項は、次のとおりとする。

①　短時間労働者の職業生活の動向に関する事項

②　短時間労働者の雇用管理の改善等を促進し、並びにその職業能力の開発及び向上を図るために講じようとする施策の基本となるべき事項

③　前2号に掲げるもののほか、短時間労働者の福祉の増進を図るために講じようとする施策の基本となるべき事項

3　短時間労働者対策基本方針は、短時間労働者の労働条件、意識及び就業の実態等を考慮して定められなければならない。

4　厚生労働大臣は、短時間労働者対策基本方針を定めるに当たっては、あらかじめ、労働政策審議会の意見を聴かなければならない。

5　厚生労働大臣は、短時間労働者対策基本方針を定めたときは、遅滞なく、これを公表しなければならない。

6　前2項の規定は、短時間労働者対策基本方針の変更について準用する。

[著者略歴]

今野久子（こんの・ひさこ）

北海道大学卒業。1978年弁護士登録（東京弁護士会）。
一般市民事件のほかに、社会保険診療報酬支払基金女性差別事件、日産自動車家族手当女性差別事件、三陽物産女性差別事件、芝信用金庫女性昇格差別事件、野村証券女性賃金差別事件、丸子警報器賃金差別事件、メトロコマース契約社員事件など女性労働問題を多数担当。

元・東京弁護士会「両性の平等に関する委員会」委員長
元・日本弁護士連合会「両性の平等に関する委員会」委員長
早稲田大学大学院法務研究科教授（2008年４月〜2011年３月）

現在　日本弁護士連合会「両性の平等に関する委員会」委員
　　　同「労働法制委員会」委員
　　　東京法律事務所（電話03-3355-0611）弁護士

主な著書
『女性労働判例ガイド』（有斐閣・共著）
『職場の女性110番』（民事法研究会・共著）
『こんなときどうする？　パートの権利 Q&A』（学習の友社・2000年）

実践●職場と権利シリーズ⑯
パート・有期雇用労働者の権利 Q&A

2015年１月９日　　第１刷　　　　定価はカバーに表示

著　者　今《こん》野《の》　久《ひさ》子《こ》

〒113-0034 東京都文京区湯島２－４－４
発行所　学習の友社
TEL　03-5842-5641
FAX　03-5842-5645
振替　00100-6-179157

印　刷　有限会社トップ･アート

ISBN978-4-7617-0366-0 C0036